地球は２万６０００年前のアトランティスの時代から現在まで
闇の宇宙人の勢力によって支配されてきました。
人類は人質にとられ、宇宙の中で隔離されてきました。
光の勢力は、地下と宇宙への撤退を余儀なくされ
現在までずっと、闇の勢力と戦いながら
地球の解放を目指してきました。

闇の勢力のトップは、
アンドロメダ銀河やオリオン座のリゲルから地球にやってきた
宇宙人グループである
「キメラ」と「アルコン」です。
キメラとアルコンと繋がっているのが黒い貴族、
イエズス会、マルタ騎士団です。
その配下にロスチャイルドやロックフェラーの
イルミナティ・グループが存在します。

彼らは各国政府、金融、石油、食品、医療、教育、宗教、軍事、

マスメディア、マフィア

そして、地球の霊界を支配しています。

アルコンは宗教を使って人類を精神的、霊的に支配しています。

キメラは科学力を駆使して地球を軍事的に支配し

地球の隔離状態を維持することが目的です。

ロックフェラー派のトップメンバー達は
銀河の竜座（ドラコ）から来た
闇の宇宙人「ドラコニアン」です。
アトランティス時代に地球に来て、人間の体に転生し始めました。
そして、奴隷である「レプティリアン（爬虫類型宇宙人）」と共に
ニューワールドオーダー（新世界秩序）を推進してきました。
ロスチャイルドはオリオン座のリゲルから来た堕天使です。

闇の勢力から地球を解放しようと活動している光の勢力は
銀河連合、アセンデッドマスター、レジスタンス・ムーブメント、
ポジティブなテンプル騎士団、ドラゴングループ、地底にある
光のアガルタ王国、そして世界中にいる目覚めたスターシードです。

銀河連合は、プレアデス艦隊、シリウス艦隊、アルクトゥルス艦隊、
ポジティブなアンドロメダ艦隊、銀河セントラル種族等から成る
緩やかな連合体です。

地球を解放するために日々、活動しています。

レジスタンス・ムーブメントは
地球の地下で活動している光の勢力です。
約７０００万人のメンバーが存在し
その多くがアンドロメダに起源を持つ魂です。
闇の勢力に対する諜報や軍事活動が主な活動です。
ＣＯＢＲＡはレジスタンス・ムーブメントの公式窓口を務めています。

COBRAは地球を解放する光の勢力の作戦名でもあります。
「Compression Breakthrough」（圧縮突破）を略した言葉です。
圧縮突破とは、上空にいる銀河連合と
地下のレジスタンス・ムーブメントやアガルタ人が
地上の闇の勢力を挟み撃ちにするという意味です。
COBRAはクンダリーニという
人間の生命エネルギーを象徴しています。
クンダリーニは、悟り、解放や自由をもたらすエネルギーです。

スターシードは地球を解放するために
2万6000年前に地球にやってきた宇宙人の魂を持つ人々です。
スターシードの目的は、今この時期、自分の使命を思い出し
自分の才能を活かして、地球の解放を支援することです。
今回の人生のこの時期に活動するため
過去世で多くの訓練をしてきました。

遠い昔、スターシードは高次元の一元性（ワンネス）の
完全なる平和と幸せの世界で暮らす天使でした。
オリオン座のＡＮスターゲートを通って
この宇宙に降りてきました。
そして、プレアデスやシリウスで準備をしてから
２万６０００年前に地球人として転生を始めました。
スターシードは
天使の一元性（ワンネス）のエネルギーを地球にもたらし
地球の光と闇の戦いを終わらせる役目を持っています。

闇の勢力により、遠い昔に人類とスターシードには
「インプラント」というネガティブな装置が埋め込まれました。
これは周囲のネガティブなプラズマを吸い寄せるブラックホールです。
インプラントは自分が宇宙のソース（根源）と
分離した存在であるという意識を作り出します。
インプラントは男女が愛し合えなくなるように
性意識と愛情の分離を作り出します。
インプラントは人々が転生する度に過去世の記憶を消去します。

人は死ぬと魂の世界に行き、次の転生へと備えます。
この生まれ変わりの仕組み（転生の仕組み）は
アルコンの支配下にあります。
スターシードは地球を解放するために地球にやってきた魂なので
アルコンや闇の勢力にとって大きな脅威です。
そのため、スターシードが自分の使命に目覚めないように
魂の任務を妨害するような親や、相性の悪い親
機能不全の家庭に生まれるように仕向けることが多いです。
ほとんどの場合、私たちはアルコンから押し付けられた
限られた選択肢の中から、
転生後の環境を決定して生まれてきます。

「宇宙は全て完璧。自分の周りで起きる物事も全てが完璧」
という考えも違います。

この宇宙には「初期異常」というものが存在します。

これはソースやアセンデッドマスターでさえも予測ができない
「偶然性」が存在するということです。

「初期異常」を完璧に理解している存在がいないため
常に予測できないことが起きる可能性があります。

この初期異常と悪を指向する自由意志の組み合わせにより
闇が発生し、宇宙に闇が広まっていきました。

ソースはこの初期異常と闇を吸収し、光に変えているところです。

本当の現実には、病気も苦しみも闇も存在しません。
銀河の中で、地球だけに闇が存在します。
今が、銀河戦争の最後の局面です。
激しい地上戦、心理戦、霊的な戦いが行われています。
それが終われば、私たちは宇宙の本当の現実と出会います。

カバーデザイン　石田　隆
（ムシカゴグラフィクス）
カバーイラスト　ジャバウォックス
本文イラスト　沖名子ふみ
しいちゃん
Fanja Ralaimaro
校正　麦秋アートセンター
本文仮名書体　文麗仮名（キャップス）

はじめに

この世界は決して、まともではありません。

遠い昔のアトランティス時代から、地球は闇の宇宙人によって宇宙から隔離され、支配されてきたからです。

でも、そろそろ、このおかしな世の中は終わりを迎え、全ての闇と異常は消え去り、光と喜びの時代がやってきます。


私は以前、『量子の意識飛躍 11：11 アンタリオン転換』（イシュター・アンタレス著）という本をプロデュースして、ヒカルランドから出版しました。

今、手に取ってくださっているこの本は、この本だけでも完結していますが、『量子の意識飛躍 11：11 アンタリオン転換』の入門書であり続編とも言える内容なので、どちらも読むことで、より宇宙や魂に関する理解が深まっていきます。


この本には地球と宇宙の真実が書かれています。

魂の監獄に風穴を開けて、魂を解放するための情報が書かれています。

第1章では、私のこれまでの活動を紹介します。

第2章以降では、これまで隠されてきた地球と宇宙に関する情報と、本当の自分を表現して生きるための方法を紹介します。

今こそ、闇のマトリックス（仮想空間）の監獄から私たちの魂を解放する時です。

今こそ、本当の自分と繫がる時です。

目次

第2章 COBRAが明かす「あなたに隠されたインビジブルな（見えざる）超現実」：知らなければ解放されない

付録 COBRAのタキオン製品の詳細

第1章

私たちは等しく闇の勢力との戦いの中にいる

I AM Presence への目覚め

子供時代：自分の向き合うべき「現実」

幼い頃、「自分には何か、しないといけないことがある」と、はっきり感じたことがありました。

その「何か」のために自分は生まれてきたと感じました。両親から教わったわけではありません。自分の内側から、メッセージを受け取ったのです。でも、幼い私には、その想いをどう扱えばいいのか分からず、胸にしまって過ごしていました。

高校生の時、静かに自分の内面と向き合いたくなり、学校から家まで電車で10分のところを、2時間かけて歩いて帰るのが日課になりました。街の中に自然豊かな遊歩道がずっと続いていました。一人で自然の中の道を歩いていると、世間の様々な価値観や考えから解放されて、自分の内面に集中することができました。そんなふうに散歩をしながら思索していると、意識がどこか別の世界と繋がって、とても楽しい気持ちになりました。

その世界は、私の好きな歌の世界とよく似ていました。愛が溢れ、光り輝き、楽しくて、幸せで、完璧な絵に似た美しい光景。それは私の理想の世界でした。

散歩をしながら、その美しい世界を探求することが日々の楽しみでした。その世界と繋がることは、ただのイメージや空想の遊びではなく、忘れていた遠い昔の記憶を思い出すような、ハッとするような体験でした。まるで、この生きている世界の方が空想や夢の世界なのではないか、と感じられるほどでした。

周りの友人たちは、卒業後はどうしようと考えることが多かったようですが、私には進路や社会といった話よりも、自分の内的な世界の方が、より現実的に感じられるようになっていました。自分の内的な世界を探求する喜びや充実感は、他のどんな物事よりもリアルで、確かなものでした。それに比べると、友人たちや先生や両親がとても気にしている「現実」は、妥協や虚構で出来た、張りぼての世界に感じられました。堅苦しくて、ぎすぎすしていて、関わっても全く楽しくない虚しい世界と、自由で、楽しくて、心の底から生きる喜びを感じられる世界があるなら、誰だって後者の世界を選ぶはずです。

自分にとって、本当にリアルな世界を探求するための時間や気力を、虚構の世界に費やすことはできませんでした。私は「自分の現実」に集中することにしました。

高校生の頃、「臨死体験」の本を読むことも好きでした。

臨死体験とは、病気や事故で死にかけた人が、魂の世界で天国の光景を見たり、すでに亡くなった家族や友人と会って話したという体験のことです。魂の世界から地上の家族や友人の様子を見たり、天国のような場所で自分の生きてきた人生を順番に振り返ったり、自分が生まれてきた意味を思い出す、といった体験をした人々の話が本になっています。

臨死体験をした人の多くは、死生観が変わり、死ぬことを恐れなくなるといいます。死後の世界がとても平和で幸福な世界だったので、生き返ることよりも、そのまま死後の世界に留まりたいと、臨死体験をしたほぼ全ての人がそのように感じたそうです。大昔から現在まで、世界各地で似たような臨死体験談が報告されています。様々な臨死体験の本を読みましたが、非常にワクワクする内容が多かったです。

私は根拠のない話は信じない性格でした。証拠や信頼できる証言のある話だけを受け入れて、自分の中で体系化して、積み上げていき、真実を追究していくことが好きでした。臨死体験は夢物語のようにも思えますが、現実の出来事であるという面白い証拠があります。このような話です。

ある女性が交通事故に遭い、搬送された病院で死にました。そして、その女性の魂が体を抜け出すと、遠くの町に一人で住んでいる母親が見えました。

病院から母親のもとに、「あなたの娘さんが交通事故に遭って、先ほど亡くなりました」という電話があったとき、母親がパニックになり机に足をぶつけてしまい、机の上にあったコーヒーをひっくり返している光景が見えました。

その後、魂の世界から戻ってきて、奇跡的に生還した後、女性は母親に言います。

「お母さん、私が病院で死んだ状態になっていた時、病院からお母さんに電話があったでしょう？　そして、それを聞いたお母さんは驚いて机に足をぶつけて、コーヒーをひっくり返してしまったでしょう？」

母親はそれが全て本当に起きたことで、誰にも話していないことだったので、ずっと病院で寝ていた娘がそのことを知っていることに驚いてしまった、という話です。

こういった、臨死体験が脳内現象ではない証拠となる話を、臨死体験の研究者であるレイモンド・ムーディ博士や他の研究者や医師たちがいくつも報告しています。

私は臨死体験で描かれていることが、どれも現実の話である可能性が高いと思いました。そして、こういった魂の世界を真剣に探究する必要があると思うようになりました。

3・11人工地震の可能性から「陰謀論」へ

２０１１年3月11日、東日本大震災が起きました。

地震の数か月後、知り合いの人が「３・11は人工地震だった」と言っていました。最初は冗談だと思ったのですが、書店でもそのようなタイトルの本を見かけたり、自分でも調べてみたりすると、確かにその可能性はゼロではないと思うようになりました。3・11は、闇の勢力が日本政府を脅す目的で、海底に仕掛けた爆弾によって引き起こされたという説があります。人間の技術によって人工地震を起こすことは昔から可能で、昔の新聞にも「人工地震」という言葉が使われていました。爆弾による人工地震の特徴は、自然地震と地震波が違うことなのですが、実際に3・11では不自然な地震波が観測されました。そして、自然には滅多にない3回連続の地震であることから、人工地震であってもおかしくないと思いました。確証はありませんでしたが、その話に私の魂は強く反応し、もっとこういう情報を知りたいという気持ちが湧(わ)きおこりました。

それからは、こうした「陰謀論」の情報を積極的に調べるようになりました。陰謀論の世界で有名な、ベンジャミン・フルフォードさんやリチャード・コシミズさん、元自衛隊の池田整治さん等の著作を読み、それまで全く知らなかった、世界の裏側を知ることができました。

国際的な高レベルの犯罪グループが存在していることが分かりました。彼らは、9・11の同時多発テロを引き起こして、主流メディアが真実を報道しないように圧力をかけることができる権力を持っていて、各国政府にも強い影響力を持っていることが分かってきました。最初の頃は読んでいてワクワクすると同時に、なんて恐ろしい世界なのだろう、と重苦しい暗い気持ちになりました。でも、私の魂がこういった本をしっかり読むように求めていると感じたので、読み続けました。

医師の内海聡さんが書いた、向精神薬や精神科病院の恐ろしい実態が書かれた本や、ワクチンやフッ素や食品添加物等の社会毒についての本、崎谷博征医師やジャーナリストの船瀬俊介さんによる抗がん剤や医療の闇について書かれた本も読みました。医療という、人々の希望であるはずの分野にも深い闇が存在することを知りました。当時の私は書店に行くと、毎回、重要な情報が書かれた本に出会うことができました。何気なく手に取って、パッと開いたページに、知りたかった情報がちょうど書かれていることもよくありました。見えない存在に導かれるようにして、急速に多くのことを学ぶことができました。あまりに急激にいろいろな話を知ったことで頭が混乱しましたが、調べれば調べるほど、陰謀や、世界を陰から支配する秘密結社は実在すると分かるようになりました。

自分の世界観が大きく変わっていきました。

陰謀的な話だけでなく、スピリチュアルな本も好きで、よく読んでいました。

特に好きだったのが『バシャール』（ダリル・アンカ著）や『自分を愛して！』（リズ・ブルボー著）や、『喜びから人生を生きる！』（アニータ・ムアジャーニ著）です。これらの本はどれも本質的には同じメッセージが書かれていて、それは**「自分の魂を表現することが人生の一**

番の目的」ということです。そして、**「病気や体の痛みは、自分の魂を抑圧したり、魂との繋がりを見失った時に起きる」**というものです。

バシャールの本には、「ワクワクする気持ち」は魂からのメッセージなので、ワクワクを感じることを実践していけば、人生は全てうまくいく、というシンプルな法則が書かれていました。私はこの法則を実践しました。ワクワクすることだけに取り組み、心が嫌だと感じることや、虚しいと感じることはやめるようにしました。すると、次々に楽しいことや、気の合う人との出会いや、生きがいを感じられることが増えていきました。現在でも私の生き方の基本は、このバシャールのワクワク理論です。

リズ・ブルボーの本には、あらゆる病気や体の痛みは自分の考え方に原因があると書かれていました。自分を抑圧したり、傷つけるような考えを改めて、自己愛を持つことで、多くの症状は改善できるという理論です。リズ・ブルボーは病気の話だけでなく、食事、体形、性、お金、あらゆる分野と心の関係について理論的に書いていて、凄い人だと思いました。

10代の頃の私は自分を大切にする以上に、他の人を優先したり、自己犠牲をしてしまうところがあったので、リズ・ブルボーの理論を参考にし、まずは自己愛を持つことを優先しました。上手にできないことや、人と違ったところがあっても、そのことに劣等感を持つのではなく、自分の個性だと考えて、自信を持つようにしました。

心が自己愛で満たされるようになると、日々の現実も、自分の心を反映して劇的に変化していきました。私を尊重してくれる人ばかりと出会うようになりました。今までは、自分で自分を責めたり、劣等感を持っていたりしたから、その想いが自分の周囲の現実に反映されていたのだと気づきました。

アニータ・ムアジャーニの本は、バシャールとリズ・ブルボー理論を実践したような話です。自分を抑圧し続けていた女性が末期がんになり、臨死体験中に「本来の自分」を思い出し、生還し、その瞬間に末期がんも完全に治ったという奇跡的な物語です。担当の医師によるレポートもついているので信頼できる内容でした。自己愛を回復させ、好きなことをして生きる喜びを取り戻すことで、医者も理解できないような奇跡が起きるということが実証された素晴らしい本でした。

これらの本に出会い、感激して読んでいるうちに、私が子供の頃から探していた大切なものとは、**「自分の魂」**、**「本来の自分」**、あるいはスピリチュアル系や精神世界の分野で**「I AM Presence」（アイ・アム・プレゼンス）**と呼ばれるものだったと分かりました。

これらは全て同じ意味の言葉です。

心の底から納得できる感覚と共に生きることが、自分の魂と繋がって生きることであり、本当の自分を生きることであり、I AM Presenceと繋がって生きるということです。

お金を稼ぐために魂を犠牲にした生き方をしたり、親や世間の価値観に流されて生きたり、テレビやマスコミが作り出した幻想の世界で踊らされたりするのではなく、自分の魂が求めることをすることが人生の目的なのだと確信しました。

そうすれば、全てがうまくいくはずです。

これからの人生は、その自分のひらめきを証明するために、心の底から納得できることだけをして、頭で考えた損得勘定はやめて、魂に導かれて生きていこうと決めました。

COBRA（コブラ）：闇の勢力と戦う者たちとの出会い

光の勢力とは「レジスタンス・ムーブメント」「アガルタ王国」「ドラゴングループ」

2014年頃も、陰謀やスピリチュアル系のブログや本をよく読んでいたのですが、いかにこの世界には深い闇が存在するかという暗い話ばかりで、地球を解放するために陰謀集団と戦っている人々についての情報がほとんどありませんでした。

ワクチンで人口削減をするとか、UFOや宇宙人の存在を隠蔽（いんぺい）しているといった話はたくさん読みましたが、どうすれば根本的に問題を解決できるのか、私には分かりませんでした。これまでに導かれるようにたくさんの本やブログを読んできたけれど、その知識をどう活用していいのか分からないまま過ごしていました。

そんな時、私はインターネットで、COBRA（コブラ）という、外国のブロガーの翻訳記事と出会いました。COBRAは、地球を解放するための情報を人類に提供するように光の勢力に要請されて、ブログを書き始めることになったそうです。たくさんの記事があったのですが、光の勢力のことも詳しく書かれていました。

COBRAによると、光の勢力とは、プレアデス人やシリウス人やアシュターコマンド等のポジティブな宇宙人たちの同盟である「銀河連合」や、地球の地下で活動している組織「レジスタンス・ムーブメント」、同じく地下世界に存在する「アガルタ王国」、それと秘密結社の「ドラゴングループ」らしいのです。

プレアデス人やシリウス人というのは、宇宙人からのスピリチュアルメッセージが書かれた本で目にする名前だったので、知っていました。人類とよく似た風貌の友好的な宇宙人だと言われています。それ以外の、レジスタンス・ムーブメント等のグループについては全く知りませんでした。

そして、COBRAによると、地球を支配している闇の勢力とは、ロックフェラー家やロスチャイルド家を含むイルミナティという秘密結社、イエズス会の上層部、イタリアの黒い貴族と呼ばれるファミリーで、さらにその上に、「アルコン」と「キメラ」というアンドロメダ銀河やオリオン座から来た闇の宇宙人グループが存在するそうです。

それらの存在から光の勢力が地球を解放するという話が書かれていて、それが本当ならとても興味深い話だと思いました。

デイビッド・アイクという人が、爬虫類人（レプティリアン）という闇の宇宙人が地球を支配しているという本を書いていましたが、その世界観と似ていると思いました。

COBRAによると、闇の勢力がこれまでに行ってきたことは、9・11テロを自作自演すること、3・11の人工地震と福島原発の爆破、危険なワクチンの開発、有害な遺伝子組み換え食品やフッ素の普及、人口削減計画、世界中で起きる紛争やテロリズム、科学や医学分野における画期的な発見や発明の抑圧、人類のマインドコントロールを目的とした宗教支配、UFOや宇宙人が存在するという証拠の隠滅、などです。

これらの話は、一般的な陰謀論の本にも書かれていることだったので、理解できました。

COBRAによると、2万6000年前の地球にあったとされる、アトランティス文明の時代に、闇の勢力がオリオン座から地球にやってきて、地球を支配するようになり、それからずっと光の勢力（宇宙の銀河連合）と闇の勢力は戦ってきたそうです。

闇の勢力の目的は、地球を支配し続けて、できれば太陽系や銀河系も支配することで、光の勢力の目的は、地球人を解放し、宇宙では当たり前の自由や平和や健康を人類が享受できるようにすることのようです。そう遠くない未来に、銀河連合や、地下世界のレジスタンス・ムーブメントが、闇の勢力を完全に排除して、地球を解放するという話が書かれていました。

私は様々な陰謀論やスピリチュアルの話を読んでいるうちに、この世界は、一般人の想像を絶するほど、闇が深いことに気づきました。現実的な視点だけではとらえきれないスケールの大きさで、陰謀や闇が存在しています。ある陰謀論の本の翻訳者が、本のあとがきで、「ロスチャイルド家やロックフェラー家のように、何代にもわたって、完璧で残酷なシナリオによって地球を支配している人々の存在を知ると、実は彼らは私たちと同じ人間ではないのかもしれないと思うようになった。人間のふりをして地球を侵略しようとしている宇宙人であっても不思議ではない」という内容の話をしていて、私もそう思いました。

人間的な想像力やセンスでは、陰謀集団の人々の考え方が全く理解できないのです。なぜ、そこまで人類を支配したいのか、よく分かりません。大きな家に住んで、美味しいものを毎日食べていれば大抵（たいてい）の人は満足するはずです。

人類を支配して、戦争やワクチンで人口削減をするとか、マイクロチップを体内に埋め込んで管理する社会を作るとか、そういう発想はどこから来るのか、全く分かりませんでした。

調べれば調べるほど、この世界の陰謀というのは、宇宙規模で存在しているとしてもおかしくはないと思うようになりました。実際、世界中の遺跡や絵画には、古代人がＵＦＯや宇宙人と遭遇していたと推測できるものがあり、インドには高度な科学技術やＵＦＯを使った宇宙戦争のような神話もあります。ナチスがUFOを研究していて、実際にUFOを飛ばしていたという証拠もあります。

自衛隊のパイロットがUFOを目撃するのはよくあることで、カナダの国防大臣も「宇宙人は何千年も前から地球に来て、地球人の科学技術の発展に寄与している」と主流メディアのインタビューで答えています。本やネットで探せば、宇宙人が存在しているとしか思えない話はたくさん見つかります。宇宙や宇宙人にまで視野を広げて考えることは、むしろ必要なことなのだと思いました。

COBRAのブログの特徴は、世界観がしっかりしていて、具体的な話が多いことです。作り話のようには思えず、無責任な感じがしませんでした。

「私がブログを書いているのは、人々が自分で考えて、行動を起こし始めるための情報を提供するためであって、人々を依存させるためではありません。人々が自分自身の魂と繋がって、自分の魂からの導きを信頼して行動することが大切です」ということをCOBRAは何度も書いていて、とても誠実な考え方だと思いました。

COBRAのブログは、今までの自分の知識を上回ることがたくさん書かれていて、人柄も好感が持てたので、とりあえず真剣に読んでみようと思いました。信じるとか信じないということよりも、本人が言っている通り、その情報を知った時に有益な発見があれば、それでいいのですから。

ＣＯＢＲＡのブログ記事を読んでいると、「アルコンという闇の霊的な存在が人々の転生システムを支配していて、スターシードは相性のよくない親のもとに生まれてくるように操作されている」という話が書かれていました。この話に私は衝撃を受けました。

スターシードというのは、宇宙人の魂を持っている人のことで、地球を解放するために地球にやってきたとされています。地球を解放しようとする善良な魂を持った人は、闇の勢力によって、相性の良くない親のもとに生まれるように操作されているということです。

私はその頃、過去世療法や退行催眠、胎内記憶の本が好きでした。そういった本を読んでいると、必ずと言っていいほど「人は魂の世界で、自分の両親を選んで生まれてくる」という話が書かれていました。でも、私は、父とはとても相性が悪かったので、本当に自分で選んだ親なのだろうか？とずっと疑問に思っていました。ＣＯＢＲＡの情報により、相性の良くない親のもとに生まれてくる場合もあることを知って、おそらくこれが私と父の関係の真相だと思い、納得しました。それまでいろいろな本を読んできましたが、そのような情報と出会ったことはありませんでした。

他にも、ＣＯＢＲＡのブログを読むほどに納得できることが増えていき、今までずっと分からなかったことの答えが見つかることが多くなりました。真実を追究したい自分の知的好奇心は次々に満たされていきました。

自分が積み上げてきた知識体系に、ＣＯＢＲＡの情報を追加してみると、ピタッとはまって、歯車が動き出すような感じがするのです。私がこれまでに導かれるように学んできた情報が、どれもCOBRAのブログに書かれている様々な分野の情報を理解するための基礎知識でもあったことに気づきました。COBRAのブログを読んだ時に、ある程度、理解できるようにするために、見えない存在は私を導いてきたように思えてきました。

闇の勢力の影響を取り除くCOBRA推奨のグッズたちとの出会い

ネガティブが消える体験：COBRAが紹介してくれたリビアングラス（テクタイト）

2015年、COBRAの過去記事を読んでいると、「リビアングラス」という石が紹介されていました。これはオリオン座のリゲルという星から、地球のリビアの砂漠に落ちてきた黄色い石です。正確には、石というより天然のガラスで、テクタイトと呼ばれるものでした。オリオン座に由来する闇のエネルギーを強力に浄化する効果があるとCOBRAは紹介していました。

リビアングラスは一般的な天然石のお店で売っているようなので、ネットで取り寄せてみたのですが、手にした瞬間に、自分の中の何かが変わった感覚がしました。そして、その日を境にネガティブなことを考えてしまう癖が消えてしまいました。

これにはとても驚きました。私はそれまで、精神的な成長や癒しというのは自分の考え方や意志の力でしか達成できないと思っていました。

実際に、自分を大切にする生き方をするようになってから、精神や感情の安定度が増して、経験する現実も平和なものになっていきました。それでも時々、強くネガティブな気分になることがあり、こればかりは意志や考え方ではどうすることもできないことなのだろう、と諦めていました。でも、リビアングラスを手に取った日から、いつものようにネガティブな気分になることがなくなったので、「人の心を癒すことができるのは、自分の意志だけだ」という自分の考えが間違っていたと気づきました。物にも、心を瞬時に癒すような力があったのです。この経験の後から、私は石や物が持つ癒しの力をもっと探求したいと思うようになりました。

リビアングラス

機密指定の石：チンターマニストーン

別の時、ＣＯＢＲＡはオリオン座の三つ星の中央に位置する、アルニラムという恒星に由来する石（ブラックテクタイト）を紹介していました。これは闇を統合するワンネス（一元性）のエネルギーを持っているというので手に入れてみたところ、とても強いエネルギーを感じました。

しばらくしてからＣＯＢＲＡのブログで、チンターマニストーンという石が紹介されました。これはシリウス恒星系から遠い昔に地球に落ちてきた神聖な石で、所有者の魂の使命を目覚めさせる強力な効果があるとのことでした。

光の勢力によって、この石に関する情報は機密指定にされていたのですが、今この時期、世界中にいるスターシードやライトワーカー（地球を解放するために活動している人）が自分の使命に目覚められるようにと情報を公開し、石も放出することになったそうです。

リビアングラスやアルニラムからのテクタイトが実際に良い効果があったので、チンターマニストーンも気になり、２個注文しました。しばらくして、海外から小さな黒っぽい石が届きました。１つは光に透けて、重さは約４グラム、もう１つは不透明で、約６グラムでした。光に透ける方はとても綺麗で、不思議な魅力を感じました。しばらく触っていると、光に透ける石の方が、より繊細なエネルギーを発しているように感じました。

持った瞬間に自分の中の何かが変わったような自覚はありませんでしたが、後になって考えると、この頃を境に、私の人生が大きく動き出していったことに気づきました。

しばらくしてCOBRAが、経済的に困窮している世界中の人々のために、希望者に無料で石を配布するということも始めたので、この人は本気で世界中に石を広めたいのだと分かりました。日本から応募した人々もいて、送料も含めて無料で届いたそうです。その後にも何度か無料で配布することがありましたが、現在は、無料配布サービスはしていません。

ひとつ、面白い話を紹介します。

その頃、チンターマニストーンを手に入れた日本人の方がいて、エネルギーに敏感な友人たちとお茶をするために出かけたそうです。友人たちはすでにカフェに集まっていて、「今日、○○さんが凄いものを持ってくる気がする」と何も知らないはずなのに話題になっていたそうです。

その人がお店に到着すると、友人たちが驚き、「○○さん、今日はどうしてそんなに強いエネルギーなの⁉」と尋ね、「あぁ、これ？」とチンターマニストーンをポケットから出して見せると、あまりのエネルギーの強さに友人たちはエネルギー酔いを

チンターマニストーン

してしまったそうです。エネルギーに敏感な人々はチンターマニストーンに強いエネルギーを感じることが多いようです。

私は、役に立つ情報を友人に教えることが好きでした。COBRAの情報は基本的に信頼できると分かってきたので、多くの人にCOBRAの情報を知ってもらおうと思い、ツイッターで情報を広めることを始めました（※現在、ツイッターは休止しました）。

その頃、私は他に特に何かしたいことがあるわけではなく、COBRAのブログをよく読んで、情報を理解していくことが一番ワクワクすることでした。当時、COBRAが紹介する英語記事が未翻訳のままだったので、ツイッターで翻訳してくださる方を募ったところ、翻訳をしてくださる方が見つかりました。その翻訳記事を掲載する場所が欲しかったので、私はブログを開設して、翻訳記事を掲載していきました。せっかくなので、自分がこれまで学んできたことや実体験の中から、役に立ちそうな情報をブログに書くことにしました。ヴィーガン（完全菜食）や、様々な健康情報、スピリチュアル情報をブログに掲載しました。

手に入れたばかりのチンターマニストーンのことも紹介しました。

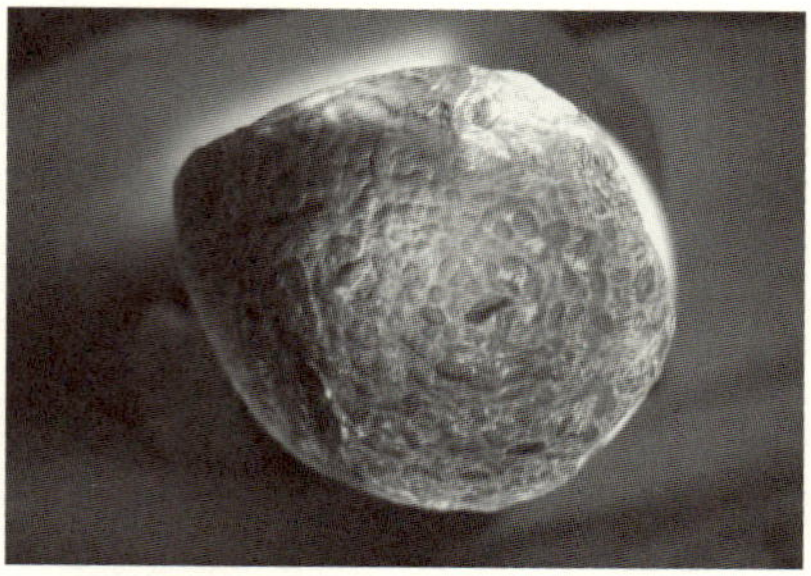

光に透けるチンターマニストーン

どれだけ読んでくれる人がいるか分かりませんでしたが、自分の好きな話を書くのが楽しかったので、自由に次々に書いていきました。

タキオンヒーリングチェンバー：宇宙の根源の「ソース」に繋がる

2016年の初頭にCOBRAが推薦するヒーリング空間である「タキオンヒーリングチェンバー」というものを知りました。

COBRAによると、タキオンとは宇宙に充満している非常に重要な物質で、光より速く動くことができ、宇宙の全ての存在の根源である「ソース」に繋がっているそうです。このタキオン粒子を浴びると、スピリチュアルな成長を劇的に加速させたり、強力なヒーリングが起きるため、闇の勢力は遠い昔に、宇宙に存在するタキオン粒子が地球に入ってこられないようにエネルギーの障壁である「ベール」というものを作ったそうです。

そのため、地球上にはタキオン粒子がほとんど存在せず、人類の免疫力が低下して病気にかかりやすくなったり、スピリチュアルな発達が遅れたりと様々な悪影響が出ているそうです。地上から高度約14キロのベールの外側まで行くとタキオン粒子が充満しているため、宇宙飛行士はタキオン粒子を浴びることができるそうです。

その話を聞いて、私は昔読んだ宇宙飛行士の話を思い出しました。宇宙飛行をしてから急にスピリチュアルな人間に変化した人がいたのですが、タキオンによるヒーリング効果なのかもしれません。COBRAは、地球にはタキオンが不足しているので、タキオンをもたらすため、プレアデス人から教わったタキオンヒーリングチェンバーを地上に設置していると書いていました。

タキオンヒーリングチェンバーの原理は、まず、水晶を搭載した宇宙船を打ち上げて、水晶を通して、宇宙空間に充満するタキオン粒子を地上に設置したタキオンヒーリングチェンバーの部屋に転送するという、超次元の技術によるものだそうです。この部屋に人が入ることで宇宙のタキオン粒子を浴びることができ、強力なヒーリングが起きるそうです。

本当にそのようなことが可能なのか、自分で確かめてみたくなりました。ネットで調べると、日本にもタキオンヒーリングチェンバーがあることが分かったので、所有者に連絡をして、体験させていただくことになりました。通常は5日続けて入ることが推奨されたので、連続5日間入らせてもらうことになりました。

タキオンヒーリングチェンバーの所有者の方にお会いすると、とても親切な方で、安心しました。私が、知り合い以外では初めてのお客さんだったようです。基本的にプライベート用で、公開はしていなかったそうです。

タキオンヒーリングチェンバーの部屋に案内していただくと、高さ1メートルくらいのピラミッド型の骨組みの中に、ベッドが置いてありました。部屋の四隅には15センチくらいの大きさの水晶が置かれていました。とてもシンプルな空間で、電力は使わないということでした。

大きな機械があるのかと思っていたら、全く違いました。

ピラミッドの中にあるベッドの上で数十分休むと、大量のタキオン粒子を浴びることができ、体や心がタキオン化されて、ヒーリングされるというものでした。そのヒーリング効果は永続するそうです。

1日目は20分ほど入りました。ベッドに寝ると、ピラミッドの頂上の真下にある、お腹に暖かさを感じました。そして全身から疲れやネガティブなエネルギーがスーッと抜けていく感覚がしました。とても繊細な軽いエネルギーでした。入り終えた時には、気分や意識がスッキリしていました。2日目も同じようにスッキリして、体や心の疲れや、不純なエネルギーが抜けていく感じがしました。

チェンバーの所有者さんは「ライトマンダラ」という、COBRAが推薦する、光を使ったヒーリング装置も持っていて、私がタキオンヒーリングチェンバーに入った後に使ってくれました。ライトマンダラから発せられる光を浴びることで、心がスッキリしたり、ネガティブなエネルギーを浄化してくれる効果があるとのことでした。

3日目は、昼に重い荷物を持って移動していたら、膝を痛めてしまいました。歩くことも困難になり、タクシーを使ってタキオンヒーリングチェンバーのある場所まで行きました。そして、チェンバー内で数十分休んだところ、なんと、先ほどまでの膝の痛みが半分くらい消えてしまいました。帰り道は普通に歩けるようになったのです。あまりに不思議なことが起きて、笑ってしまいました。

昼間、電車の座席に座って休んだ後も、タクシーに乗った後も、膝の痛みは変わりませんでした。それが、物理的にいえばなんの変哲もない普通のベッドの上で、数十分間、休んだだけで、まともに歩けないほど痛かった膝の痛みが半減して歩けるようになったのです。この短時間での劇的な変化は、COBRAのいうタキオンのエネルギーによるもの以外では説明できませんでした。

常識的には起き得ないヒーリング効果を体感することで、COBRAが実際に、宇宙の存在と繋がって活動しているという話が本当だと分かり、鳥肌が立ちました。COBRAは本物だ、と思いました。自分にとって、重要な転換点となる体験でした。

4日目、5日目と、チェンバーに入る度に膝の痛みは減少していきました。最終的には痛みが、最初に比べて10分の1くらいまで減少しました。所有者の方によると、私のように劇的なヒーリングを経験する人は珍しくないようです。

最終日はサービスで長時間入らせていただきました。1時間を超えた時、あまりに大量のタキオンエネルギーを浴びたせいか、お腹のあたりが日焼けしたような、はっきりとした強いエネルギーを感じました。そして、意識が宇宙かどこか別の次元に繋がるような感覚もありました。宇宙の存在に、私の膝の痛みをとってくれたことを感謝しました。

こうして、5日間のタキオンヒーリングチェンバー体験が終了しました。

家に帰って、この体験談をブログに掲載すると、大きな反響がありました。全国から、自分もタキオンヒーリングチェンバーを体験したいというたくさんのメールをいただきました。その方々には、タキオンヒーリングチェンバーを紹介しました。そして、実際に体験して、ポジティブな経験をした方が多かったようです。

タキオンヒーリングチェンバーを体験すると、自分の魂の目的を思い出しやすくなるという効果があるのですが、実際に私もその頃から、自分のすべきことが以前より明確に分かるようになりました。力まずに、自然に自分のすべきことに取り組めるようになっていきました。自分が総合的に癒され、感情や精神面も以前よりも安定感が増しました。自分が自分らしくなっていく感じがしました。

タキオン化された水晶がパソコンからの有害電磁波から自分を守ってくれた

ＣＯＢＲＡが、タキオン化したグッズを販売していることを知りました。これは、先ほどのタキオンヒーリングチェンバーのヒーリング効果を生み出している「タキオン粒子」が大量に含まれている品物のことです。

ＣＯＢＲＡは宇宙のプレアデス人から、物質にタキオン粒子を大量に注入する技術を教わったそうです。タキオングッズの中には、ミネラルウォーターにタキオンを注入した「タキオンウォーター」や、水晶にタキオン粒子を注入してパソコンの電磁波保護として機能する「タキオン水晶球」など、様々な品がありました。タキオンヒーリングチェンバーで、タキオンに良いヒーリング効果があることは分かったので、何か買ってみることにしました。

パソコン画面を見ていると、電磁波で目が痛くなることが多かったので、「パソコン電磁波保護タキオン水晶球」というものを購入してみました。しばらくして、2・5センチの水晶球が家に届きました。見た目は普通の水晶球ですが、高濃度のタキオン粒子が含まれているため、水晶球の半径1メートル以内はタキオンのエネルギーにより有害な電磁波から人を保護してくれるそうです。早速、パソコンの前に置いてみると、その日から、パソコン画面を見続けていても全く目が痛くなりませんでした。とても不思議でした。私はタキオン化されていない一般的な水晶も持っていましたが、パソコンの近くに置いてもそのような効果はなかったので、タキオン化された水晶が特別な水晶であることが分かりました。

COBRAの紹介するものはどれも良い効果があることが分かってきました。しかも常識的に考えて説明のつかない不思議な効果ばかりで、驚きの連続でした。

パソコン電磁波保護タキオン水晶球

タキオングッズ、チンターマニストーンを必要な方に届けるようになる

タキオンのヒーリング効果を体感することで意識が変わっていくような経験を、多くの人と分かち合いたいと思い、私はブログで積極的にタキオングッズやチンターマニストーンを紹介していくことにしました。

様々なタキオングッズやチンターマニストーン、タキオンヒーリングチェンバーは私のブログを通して短期間で評判となり、多くの人がポジティブな体験をしたようでした。

全国の方々からたくさんのお便りをいただきました。私が感じた驚きや喜びと、それに連動して意識が開かれていく感覚を多くの人々と共有することができ、とても嬉しかったです。

私自身も、全てのタキオングッズを取り寄せて使ってみたのですが、どれも良かったです。

飲み水に入れて体内にタキオンを摂取できる「タキオンウォーター」、肌や体の痛い部分に塗って使う「タキオンクリーム」、タキオン生成装置として機能する「タキオンシルバーペンダント」、チャクラ（体のエネルギーの出入り口）のヒーリングができる「タキオンエネルギーセル」と「タキオンチャクラセット」、高次元にいるプレアデス人と繋がることができる「プレアディアン・スターゲート」、空間を調和させてポジティブな空間を作る「量子ゆらぎ調整器」。

現在は取り扱いがなくなりましたが、プレアデス人と実際に接触してプレアデスの技術を教わったという、フレッド・ベル博士によって作られた「プレアデス核内受容体ペンダント」というものもあり、これも使った人から、とても良い効果を感じたという感想をたくさんもらいました。

タキオン水晶で日本の土地の浄化を開始する

多くの協力者が現れる

タキオングッズを一通り試したので、他にも何か自分にできないかと考えた時、日本の土地をヒーリングしたり浄化する活動をしてみたいと思うようになりました。

私は2011年頃から、パワースポットを訪れると土地のエネルギーを感じられる体質になりました。

有名な神社やパワースポットや街や公園を訪れて、それぞれの土地のエネルギーを味わうことが趣味になりました。

良いエネルギーの土地もあれば、あまり気持ちいい感じのしない土地もありました。

東京の代々木公園や明治神宮、そして中央線沿線の町は私のお気に入りでした。

特に国分寺、小金井、調布のあたりは自然豊かでエネルギーも良くて大好きでした。

好きな街や公園を訪れるだけでとても癒されたし、苦手な土地に行くとそれだけで元気がなくなることもありました。

日本の土地をより気持ちいいエネルギー状態にできたらとても楽しそうだなとずっと思っていました。

その頃、COBRAの友人のアントワイン（Untwine）というブロガーも、世界中でエネルギーグリッド（パワースポットとパワースポットを繋ぐ、網目状のエネルギーの通り道）を活性化させる活動をしていることを知りました。

パワースポットや浄化すべき場所を地図で探して、そこを訪れて仲間と共に瞑想をすることで土地を浄化したり、活性化するという活動です。自分もそのような活動をしてみたいと思いました。私は勇気を出して、COBRAにメールで質問をしてみました。

「私は日本の読者です。日本の土地を浄化する活動をしてみたいと考えています。どのような方法がありますか？　何かアドバイスをいただけませんか？」というものです。

送信してみたところ、1日で返事が来ました。「土地の浄化活動ならタキオン水晶を埋めるのが効果的です。土地を浄化するための小さいタキオン水晶を用意できます」という返事でした。

とても楽しそうな活動だと思いました。せっかくなので、ブログの読者の方々にも呼びかけてみました。地元の土地の浄化活動をしてみませんか、と書いたところ、たくさんの応募があり、最終的に600個以上のタキオン水晶を注文することになりました。COBRAのブログを読むだけでは物足りず、何か行動を始めたい人が多く存在することを知りました。

台湾でCOBRAと会う

その頃、台湾でCOBRAが主催する会議が開かれることになり、日本からも数十人の人が参加すると聞いたので、私も参加することにしました。

台湾の会議では実際にCOBRAと会うことができました。守秘義務があるため、ここでCOBRAについて紹介することができないのが残念です。

会議ではCOBRAとパートナーの女性ISIS（アイシス）による、地球や宇宙の話、そして女神の話を聞くことができました。参加者は和やかで、とても良い雰囲気の会議でした。

会場には、COBRAの友人のアントワインも会場にいたので話しかけました。アントワインは、世界中にチンターマニストーンを埋めて、土地や空間を浄化する活動をしていると言っていました。チンターマニストーンを埋めると、半径十数キロの空間のエネルギーを浄化できるそうです。そうすることで、闇の勢力が活動しにくくなり、光の勢力を支援することができるので、その活動が必要とされていると言いました。

それは素晴らしいと思い、自分も日本でその活動をしてみたいと伝えました。

アントワインは「じゃあ、どこに石を埋めたらいいか、COBRAに聞いてみようよ」というので、COBRAのもとへ行きました。

「北海道の高い山、福島、富士山、名古屋、京都、広島、小倉、長崎」質問するとCOBRAが即座に日本の地名を次々に挙げるので、驚きました。

日本に帰って、全国のボランティアの方にアントワインから分けてもらったチンターマニストーンを送り、それぞれの土地に埋めていただくことになりました。

闇の勢力からの攻撃を受ける

チンターマニストーンの埋設活動は広範囲の土地を強力に浄化できるため、闇の勢力にとっては困る活動で、攻撃を受ける危険性があるという話を聞いていたので、最初はとても慎重に行いました。

何時に家を出て、何時に現地に到着し、何時頃に帰ってくるかを事前にＣＯＢＲＡに報告しました。そうすることで、おそらく宇宙にいる銀河連合や光の勢力が、設置者を保護するように手配してくれていたのだろうと思います。

最初は名古屋の中心街に埋めていただきました。無事設置でき、夜空にはVictory（勝利）のVの形の雲が見えたそうです。

次は、別の人に広島の中心地に埋めていただきました。この時も、家を出る時刻や現地に到着する時刻をＣＯＢＲＡに伝えました。無事に埋めることができました。

その頃、祖父の腰痛が悪化して歩くことが困難になり、医者からもどうしようもないと言われたので、私は祖父にタキオンヒーリングチェンバーを使ってもらうために東京に行くことになっていました。

祖父は10年前、庭で脚立に乗って木を切っていたときに、脚立から落ちて地面に腰をぶつけてしまい、それからずっと腰やお尻のあたりが痛かったそうです。

私は数か月前に、タキオンヒーリングチェンバーで膝の痛みが1割以下にまで減少したので、祖父にもきっと良い変化があるはずだと思いました。そして、一度、タキオンヒーリングチェンバーを受けに行こうよと祖父を誘いました。

最初は私の話を信じられなかったようですが、医者にみてもらっても治療法はないと言われ、日に日に痛みも増してくるので、ダメで元々という気持ちで一緒に行くことになりました。

そのついでに、東京にチンターマニストーンを埋めようと思い、朝、チンターマニストーンを持って出発しました。この時は事前に埋める計画を立てておらず、当日の朝に思いつきで石を手に取りました。

祖父はとてもゆっくりならなんとか歩けますが、駅の階段の上り下りも難しく、全てエスカレーターかエレベーターを探して移動することにしました。

夏の暑い日でした。祖父と共に電車に乗ると、席は一つも空いていなかったので、立つことにしました。

電車に乗った数分後、自分の体に異変を感じました。急に車酔いをしたような感覚がしてきて、変だな、電車で酔うことなんてなかったのにと思ったら、今後は急激に頭の中が熱くなり、視界が真っ白になり、何も見えなくなりました。

白い渦巻きのようなものだけがぼんやりと見えました。こんなことは人生で初めてで、何が起きているのか分からず驚いていると、頭はさらに熱くなり不快感が増して、耳も聞こえなくなりました。そして気持ち悪さと頭の熱さが限界に達し、気を失いました。

しばらくして意識を取り戻すと、先ほど自分が立っていたところの前の席に座らされているようなのがぼんやりと見えて、周りの人が「大丈夫ですか？　救急車を呼びましょうか？」などと言っているような感じがしました。でも、目や耳はおかしなままで、視界はまたすぐに真っ白になりました。

「助けて」と言おうとしても、自分の声がちゃんと出ているのかどうか、自分の耳で聴きとれないので分かりませんでした。相変わらず吐き気や頭痛もするので、このままの状態がしばらく続いたら死ぬかもしれないと感じました。

その時、あることを思い出しました。少し前の台湾での会議で、私はCOBRAから、宇宙のシリウスやセントラルサン（銀河の中心の太陽）とエネルギー的に繋がるためのイニシエーション（訓練）を受けていたのです。このイニシエーションには、宇宙のシリウス人とテレパシー的に繋がる効果もあったことを思い出しました。他に手立てがないので、私は心の中でシリウス人に助けを求めました。

すると、その瞬間に眩暈（めまい）や目や耳の異常や頭痛が軽減しました。数分かけてどんどん症状が治まり、ついには完全に治りました。目が見えるようになり、耳も聴こえるようになりました。頭痛や眩暈や吐き気も全て治まりました。服は冷や汗でびっしょりと濡れていました。

近くにいた祖父は「貧血か？」と尋ねましたが、自分はそれまでの人生で気絶したことは一度もなかったし、そのような発作を起こす病気を持っているわけでもありませんでした。

チンターマニストーンを埋める人は闇の勢力から攻撃を受けやすいという話を聞いていたので、それが起きたのだと気づきました。

プラズマ・スカラー兵器による攻撃だった

後になって、こういった活動に詳しい人に聞いてみると、これは典型的なプラズマ・スカラー兵器による攻撃の症状だと分かりました。

世界中、特に欧米で、このような強力な攻撃が、地球を解放するために精力的に活動するライトワーカーに対して行われているそうです。これは遠隔でピンポイントで攻撃できる兵器です。海外の軍事基地から発せられているようです。

COBRAによると、闇の勢力はワクチンに仕掛けたバイオチップにより、人類の視聴覚情報をリアルタイムで監視しているそうです。私が朝、チンターマニストーンを手に取って出かけたことに気づき、チンターマニストーンを埋めることを妨害するために攻撃を仕掛けたのでしょう。

祖父によると、私は前に座っていた人の上に倒れ込んで、5分ほど気を失っていたそうです。あの時、シリウス人が助けてくれなかったら、どうなっていたのだろうと思いました。でも、本当にシリウス人が現実に存在していて、私の心の中での呼びかけに対して、一瞬で応じて助けてくれたことが、はっきりと分かりました。

目には見えないけれど、シリウス人やプレアデス人が所属している「銀河連合」の存在を確信できるようになりました。闇の勢力も光の勢力も、地球人の常識を遥かに超えた科学力を持っていることも分かりました。COBRAの情報の中で、今までは存在を確かめることのできなかった、キメラやアルコンといった高度な科学力を持った闇の宇宙人グループが実在していることがよく分かりました。

私は電車内で回復できたので、そのまま東京に向かいました。そして、東京に初めてのチンターマニストーンを埋めることができました。

昼食を食べるためにタクシーに乗り、神田の蕎麦屋に入ると、祖父はちょっとした傾斜でつまずいて転びそうになりました。座敷に座っていることも難しく、蕎麦を食べてすぐに店を出ました。そして、タキオンヒーリングチェンバーを利用させてもらいに行きました。

祖父が初めてのタキオンヒーリングチェンバーに入っている間、チェンバーの所有者の方に今日起きた攻撃の話をしました。すると、その日は広島に追加のチンターマニストーンを埋めに行った人たちがいて、そのうち一人の女性が私と同じようにプラズマ・スカラー兵器の攻撃を受けて倒れてしまい、救急車を呼ぶかどうかという状況になったそうです。

その倒れた方は私も台湾でお会いしたことのある女性で、1か月前に自費で日本から南極まで行き、チンターマニストーンを埋めて帰ってきた方でした。南極には闇の勢力の避難シェルターがあるため、チンターマニストーンを埋めることで光の勢力を支援し、闇の勢力が逃げ込めないようにする必要があったのです。南極に行くのはとても大変だったそうですが、最終的にうまくいったそうでした。

その女性が広島で倒れたというので、とても心配でした。さらに話を聞くと、私がシリウス人と繋がる訓練を受けたように、チェンバー所有者の方はアセンデッドマスター（高次元の光の存在）のクートフーミと繋がる訓練を受けていて、クートフーミは体のヒーリングを得意としているので、クートフーミを呼び出して遠隔ヒーリングをしたそうです。すると、女性は回復したとのことでした。それを聞いてホッとしました。

この日の経験により、闇の勢力はチンターマニストーンを土地に埋められると困るからこのような強い攻撃を仕掛けてくるのだとはっきり分かりました。この小さな石が、地球解放の鍵を握っているというCOBRAの話は本当だと、よく分かりました。COBRAを疑っていたわけではないのですが、誰だって、小さな石にそこまで凄い力や重要性があるとは思えないはずです。その石をめぐって気絶するような強力な攻撃を受けるなんて、完全にSF映画の世界ですが、それが現実に起きているのです。

30分後、祖父がタキオンヒーリングチェンバーから出てきました。すると、祖父は腰の痛みが半分くらい消えてしまったらしく、驚いていました。ここに来るときはとてもゆっくりとした歩みだったのに、帰りには普通に歩けるようになっていました。

次の日、祖父と新宿御苑に行きました。千駄ケ谷駅から歩いて園内に入り、1周しても祖父はまだまだ歩けるようでした。昨日はちょっとした傾斜でも転びそうになっていたのに、坂道の多い新宿御苑を普通の速さで歩き続けることができたので、私も驚きました。その後も、千駄ケ谷から原宿まで歩いたり、渋谷から代々木公園まで歩いたりと、けっこうな距離を歩くことができました。この日以降も、東京スカイツリーや東京タワーに登ったり、皇居周辺を散歩したりとたくさん歩きました。

祖父は合計５日間、タキオンヒーリングチェンバーを受けました。ヒーリングを受ける度に、祖父の腰の痛みは減少していったようです。

皇居東御苑の天守台に登る祖父

闇の勢力からの霊的・エネルギー的なダメージを打ち消す

東京から家に戻ると、祖父の変化を目の当たりにした家族はとても驚きました。

その後、私はタキオンヒーリングチェンバーを自宅に設置することになり、今では家族も定期的にタキオンヒーリングチェンバーに入っています。

その時期、私は、ＣＯＢＲＡが推薦する「ライトマンダラ」というヒーリング装置を購入しました。これは、アジアのポジティブな秘密結社であるドラゴングループが、アトランティス時代から伝わる科学知識を応用して開発したそうです。

神聖幾何学模様のレーザー光を水晶球に当てることで特殊な効果が生じ、人のオーラや感情、ネガティブエネルギーを浄化しヒーリングしてくれます。悪霊のような見えないネガティブな存在の除霊もできるそうです。

タキオングッズやチンターマニストーンを広めるようになってからは、突然、何の理由もなく重苦しい気分になることが増えました。これはどうやら、アルコンやレプティリアン等の霊的な存在による攻撃のようでした。

ライトマンダラが届いてからは、攻撃によるストレスやダメージを大幅に軽減できるようになりました。感情や精神へのダメージを50~75%くらい癒してくれました。

後に、マンダラドームという、ライトマンダラを強化する装置が開発され、それを手に入れてからは、ほぼ100%、闇の勢力からの霊的・エネルギー的な攻撃を打ち消すことができるようになりました。私のブログで紹介したところ、多くの人がライトマンダラに興味を持ち、手に入れるようになりました。

闇の勢力はチンターマニストーンの埋設を非常に嫌がる

日本全国にチンターマニストーンを埋める

2016年の夏には、私のブログを通して、全国のライトワーカーのネットワークが出来ていました。

ブログでチンターマニストーンを埋設してくださる方を募集すると、すぐに読者の方から、「近くなので、行けますよ」というメールが届きました。

そのようにして、COBRAが指定した日本の土地へのチンターマニストーンの埋設活動は、短期間で完了しました。私も京都の鞍馬山に埋めに行きました。

私や友人が、チンターマニストーンを埋めに行く時に、強力な攻撃を受けて倒れたということで、これは、おまじないとか遊びではなくて、命がけの重要な活動であることが理解されるようになっていきました。

自分でも石を埋めて、地元の街の浄化活動をしたいと思って、チンターマニストーンを取り寄せる人々が増えていきました。日本全国だけでなく、ブログを読んでいる海外在住の日本人や、韓国在住の日本語が読める韓国人の方など、大勢の方がこの活動に参加されました。１００人以上いたと思います。

私がブログで、この県やこの地域には石の設置数が少ないとか、このパワースポットには埋めた方が良さそう、という話を書くと、ほとんどの場合は、すぐに行ってくださる方が見つかりました。そのように、急速に日本の浄化活動が進んでいきました。

興味深いことに、全国のほぼ全ての地域に一人は、強い使命感を持ってチンターマニストーンをたくさん埋めてくださる方がいました。この時期に、この活動をするために、それぞれの地方に生まれてきたり、住むことになった人々なのかもしれないと思いました。

設置活動中に大変な思いをしたり、素晴らしい体験をしたり、設置後に虹が出たり、空が晴れたり、蝶が舞ったり、急に雨が降ったり、雨がやんだりと、毎日、不思議なワクワクする報告が、写真つきで私のもとにたくさん届きました。霊感のある方々も多く参加していて、そういった方々は土地の神様や精霊と交信できて、霊的な存在から「ぜひ、チンターマニストーンを埋めてほしい」と依頼されることが多かったそうです。ある女性は、夢の中に知らない名前の島に住む神様が現れて、チンターマニストーンを埋めに来てほしいと言われたそうです。そして、起きてからネットで調べると、本当にその島が存在していたので、家族で船に乗って埋めに行ったそうです。

沖縄県民の方が沖縄の聖地の島に埋めに行ってくださった時、「この島に石を埋めていいですか？」と、島の神様に心の中で話しかけると、蝶が舞い、聖地へと導いてくれたそうです。神様が許可してくれたのだと思い、安心して埋めることができたそうです。

全国の霊山と呼ばれている山々や、様々なパワースポットに埋めに行った方々も、現地で見えない存在に導かれるような経験をしたり、受け入れられている感覚がしたそうです。特に、美しい蝶が現れて、山道を導いてくれたという話が多かったです。

そんなこともあり、チンターマニストーン埋設による浄化活動は、霊的存在や土地の神様にも、重要な活動であると認識されていることが分かってきました。

チンターマニストーン埋設活動に参加された方々は、主婦やサラリーマンの方が大半でした。中には10代や20代の人もいましたし、80歳や90歳の方も参加されていました。小さな子供を連れて親子で埋めに行ったという方もいました。あらゆる年代の方が私のブログを読んでくださっていることを知りました。

グレゴリー・サリバンさんという、UFOとコンタクトする活動をしている方にメールをして、UFOが現れやすい場所を教えていただいたこともありました。愛知県の石巻山や、沖縄県の久高島、長野県と山梨県にまたがる八ヶ岳など。全国のライトワーカーが、それらの場所にチンターマニストーンを埋めてくださいました。

夏から秋にかけては、忙しい日々でした。

毎日、起きてから寝るまで、食事と風呂以外の時間は全国の人とのメール、ブログを書く作業、石の設置報告を地図に記入する作業がずっと続きました。毎日、60~100通のメールが全国から届きました。今まで生きてきた中で最も忙しかったです。でも、日本や世界を浄化する作業に携わることができて、楽しかったです。

ライトワーカーに加えられるプラズマ・スカラー兵器の攻撃

最初の頃は、多くの人がプラズマ・スカラー兵器の攻撃を受けて、私のように倒れたり、アルコンの霊的な攻撃により感情や精神が不安定になったりしました。

アルコンは人の心の弱点を突いてきて、恐怖心の強い人に対しては恐怖心がさらに強まって行動ができなくなるような操作をしたり、家族に怒りっぽい人がいる場合は、その家族が怒り出すような操作、というより憑依(ひょうい)ができるようでした。

私はチンターマニストーンを埋めに行く人々を闇の勢力の攻撃から保護するために、銀河連合に対して設置者の保護と支援を呼びかける日々でした。私が電車で攻撃を受けた時に、シリウス人に助けを求めたらすぐに助けてくれたので、きっと他の人に対しても効果があるだろうと思ったのです。実際、私がテレパシーで保護を要請した人は、無事に埋設活動を終えられることが多かったです。そのため、事前に私に連絡をしてから埋めに行く人が増えました。

闇の勢力からの攻撃があるという話を信じられず、自分だけで埋めに行った人が攻撃を受けて、私のブログに書いてあった攻撃の話は大袈裟ではなくて本当の話だと分かった、という人も多かったようです。

その後、私が考えた、銀河連合に保護を依頼する手順をマニュアル化して、ブログで公開しました。それ以降、攻撃を受ける人が大幅に減少したので、実際に良い効果があることが確認されました。それでも攻撃を受けてしまう人がいたので、日々、文章を改良していきました。

自転車に対して保護を依頼しなかったら、埋設活動中に乗っていた自転車が急に壊れたという報告も2件ありました。光の勢力は保護の指定をされていないものまでは勝手に保護ができないようです。本人が意図していないことまで勝手に支援すると、闇の勢力との協定違反になり、闇の勢力につけ入る隙を与えてしまうからです。そのため、こちらが全てを指定して保護を呼びかける必要があることが分かってきました。

そのようにして新たな保護マニュアルを作っては、使用者からの感想やフィードバックを得て改良していくという作業が続きました。最終的には95%くらいの確率で強力な攻撃を防ぐことができるようになりました。

精神や感情が不安定になる攻撃を受けた人に対して、私は日々、遠隔ヒーリングをしました。

それまで、誰かを遠隔ヒーリングしたことはなかったのですが、銀河連合や天使やアセンデッドマスターにヒーリングの依頼をしてみると、実際にヒーリングが行われて、短時間で体力が回復したり、疲れた心が癒されるということが起きました。自分にそのような能力があることに驚いたのですが、実際に良い効果があったと多くの人に言われたので、日々、遠隔ヒーリングをし続けました。

漠然としたヒーリングだけでなく、具体的に細かいリクエストをしても確実に届くことが分かりました。例えば、車の移動が一人で不安だという方がいたので、その方には秘密で、光の勢力に対して、明日はその方が車で移動する時に楽しい気持ちで過ごせるようにしてくださいとテレパシーで依頼しました。

翌日、その人から、「車の移動中に光の存在がやってきて、私を楽しませてくれたので、楽しく過ごせました」というメールをいただきました。その方は霊感のある方だったので、霊的存在が何をしてくれているかが分かったようです。

他にも私が依頼した通りのことが無数に起きました。

遠く離れた人の壊れたパソコンや携帯電話が、私がテレパシーを送った瞬間に直ったということもありました。目には見えない存在に対して、いつでもすぐにテレパシーが届くことがとても楽しかったです。今まで、スピリチュアル系の本を読むと、見えない存在とコンタクトできる人の話が載っていて、いいなぁと思っていたのですが、気がついたら自分でもできるようになっていて驚きました。

多くの人は「自分にそのような能力はない」と思い込んでいるだけで、心から念じれば、そういった宇宙の仲間や、天使や、アセンデッドマスターに願いは届くのだと分かりました。私がテレパシーの送り方を紹介したら、多くの人が良い効果を実感したようです。

第2章〜第5章で、銀河連合や天使に願い事やヒーリングを依頼する方法を紹介します。

ＣＯＢＲＡより届けられる自由意志強化タキオン水晶、タキオンヒーリングチェンバー

タキオン化したチベット産のダブルターミネイテッド水晶「両剣水晶」は半径2キロの土地・空間を浄化する

夏の終わりに、以前、ＣＯＢＲＡに注文していた合計６２０個のタキオン水晶が届きました。土地を浄化するための小さなタキオン水晶です。両端が尖っている珍しい形の水晶でした。

ブログに写真を掲載すると、鉱物に詳しい方からメールが届き、これは「ダブルターミネイテッド水晶」、日本語では「両剣水晶」と呼ばれる珍しいものだと教えてもらいました。

ＣＯＢＲＡに確認すると、これはチベット産のダブルターミネイテッド水晶をタキオン化したもので、土地に埋設すると、人類の自由意志を強化する効果があると教えてくれました。自由意志とは、自分で物事を決定したり、選択する能力のことです。この能力が強化されることで、人類が闇の勢力の世界支配に対してＮＯを突きつけたり、自分の魂を尊重するために動き出すことができるようになるようです。

このタキオン水晶は自分で持っていても良い効果はありますが、土地に埋設すると半径２㎞以内の空間や土地を浄化する効果もあるとのことでした。

私はこの水晶を「自由意志強化タキオン水晶」と名付けました。そして、この水晶を全国の方々に発送し、好きな場所に埋めていただきました。私もいろいろな土地にこの水晶を埋めに行きました。チンターマニストーン同様に、埋めた瞬間に曇っていた空が晴れ始めたり、自分のいる空間が一瞬で明るくなる感覚があり、土地の浄化ができてい

自由意志強化タキオン水晶

る実感がありました。

２０１６年の暮れには、合計１０００個以上のチンターマニストーンが日本全国に設置されました。北海道から沖縄県の与那国島（日本の最西端）まで、全国の主要都市やあらゆるパワースポット、山々、離島にも。全国のライトワーカーたちの素晴らしい働きによるものでした。

これほどたくさん設置している国は当時は日本だけだったようで、台湾の人々や、海外で活動しているアントワインにも驚かれました。

すでに全国に20台以上、タキオンヒーリングチェンバーの設置がなされている

２０１６年の秋、タキオンヒーリングチェンバーに関心を持ち、実際に体験して気に入った方々が自分用にタキオンヒーリングチェンバーを設置することになりました。

そして、日本全国に20台以上のタキオンヒーリングチェンバーが設置されました。私も自宅に設置しました。現在、有料で公開している方もいるので、この本の巻末に、私が信頼しているタキオンヒーリングチェンバー所有者の方々の連絡先を掲載しました。関心のある方は問い合わせてみてください。

タキオンヒーリングチェンバーを設置する作業はなかなか大変でした。幸い、機械ではないので電気系統や配線などの複雑な作業はありません。金属のパイプをはめ込んだり、テープを

巻いたり、ボンドで接着したり、水晶を並べたりという家具の組み立てのような作業が主です。

面白いことに、タキオンヒーリングチェンバーの部品を全て揃えて、私や一般人が組み立てても、タキオンヒーリングチェンバーは完成しないのです。タキオンヒーリングチェンバー設置作業員が海外から派遣され、その人が部屋と高次元を繋げるための霊的なアクティベーション（活性化）を行って、初めて完成します。完成後はその部屋が宇宙空間と繋がり、宇宙からのタキオン粒子が転送され、タキオンが溢れ出します。そのため、タキオンヒーリングチェンバーがある地域一帯が浄化され、空間や土地のエネルギーが調和されていきます。

多くの設置者から、タキオンチェンバーを設置してから、周辺の街の雰囲気が明るく綺麗になったという話を聞きました。私の住んでいる街も以前に比べると、気持ちよい空気感に変わりました。

タキオンヒーリングチェンバーを設置する少し前に起きた事件について話します。

チェンバーの設置作業員を送迎するため、私は事前に友人に車の運転をお願いしたのですが、その数日後、プラズマ・スカラー兵器の攻撃を受けたそうです。運転中に私と同じように強烈な頭痛と眩暈がして、車を路肩に停めてしばらく休むことになったと言っていました。初めて感じる突然の頭痛と眩暈でとても驚いたそうです。

その数日後には、車検に出したばかりの車が運転中に故障してしまい、調べてみると電気系統が壊れていて、そのまま廃車になってしまったそうです。これも闇の勢力による遠隔攻撃だと思われます。さらに、会社では上司や同僚やお客さんから一斉に怒られるということもあり、踏んだり蹴ったりの状況だったと言っていました。

これはアルコンによる、重要な活動をするライトワーカーの周囲の人々を攻撃的にさせる攻撃だと思われます。やはり、タキンヒーリングチェンバーの設置も、闇の勢力にとっては困る活動であることが分かりました。結局、その友人の車を借りることはできなくなりましたが、設置作業日にはトラブルは起きず、順調に設置が完了しました。

2016年、日本にCOBRAがやってくる

２０１６年の12月には日本にＣＯＢＲＡが来て、様々な星やアセンデッドマスターとのエネルギー的な繋がりを強めるためのイニシエーションのワークショップを行いました。私が台湾で受けたものと同じです。

私はプレアデス、オリオン、アンタレス・アルデバラン、そしてアセンデッドマスターのサン・ジェルマンと繋がるためのイニシエーションを受けました。ちなみにシリウスには、喜びや幸福感のエネルギー、プレアデスにはソウルメイトとの愛や自己愛のエネルギー、オリオンには闇を統合するエネルギー、アンタレス・アルデバランには魂と繋がるエネルギー、サン・ジェルマンには願いを具現化するエネルギーがあります。瞑想をして、これらの存在のエネル

ギーと繋がることでヒーリングが起きます。遠くに住んでいる人に遠隔ヒーリングをすることもできます。

滋賀県にチンターマニストーンを設置した直後にスカラー兵器による攻撃を受けて呼吸困難になって1時間近く苦しんでいる人に対して、東京の人がアセンデッドマスターのクートフーミのエネルギーを送ることで、ヒーリングが起きて助かったということもありました。攻撃を受けている人は霊感のある人だったので、光の存在が自分を助けに来てくれているのが感じられたそうです。

クートフーミ

ワークショップの前にはCOBRAに会ってインタビューをする機会があり、1時間近くインタビューできました。日本についてのCOBRAの見解を知りたくて、いろいろと質問しました。COBRAは日本のことにも詳しくて、どの質問にも即答してくれました。

日本の光の勢力はベンジャミン・フルフォード、ドラコニアンは安倍晋三

インタビュー内容の一部を紹介します。

いるか：2016年現在、日本には1000個以上のチンターマニストーンが埋められていますが、そのことにより日本のプラズマ界やエーテル界はどのように変化しましたか？

COBRA：日本は8割方良い状態になっています。これは他の大半の国よりも良い状態にあると言えます。

いるか：プレアデス人とシリウス人の違いを教えてください。

COBRA：シリウス人の特徴は喜び、自由、軽快な雰囲気です。プレアデス人は深みがあり、愛情深いことが特徴です。

いるか：プレアデスやシリウスに起源がある有名人を教えてください。

COBRA：モーツァルトはプレアデスからです。J・S・バッハもおそらくそうでしょう。イエス・キリストはシリウスです。

いるか：プレアデスやシリウスについて書かれた書籍の中であなたのおすすめを教えてください。

COBRA：シリウスミステリー（邦題『知の起源―文明はシリウスから来た』ロバート・テンプル著）、シェルダン・ナイドルの本、アモラ・クァン・インの本が良いです。

いるか：光の勢力と繋がっているミュージシャンを教えてください。

COBRA：エンヤ、ジャン・ミシェル・ジャールを挙げます。

いるか：マイケル・ジャクソンについて教えてください。

COBRA：彼はイルミナティが人類を操作していることを大っぴらに広めようとしたために殺害されました。音楽家の多くは光の勢力と繋がっているのですが、イルミナティのことを暴露しようとすると殺害されます。大抵の場合は音楽の中にこっそりと光のメッセージを忍び込ませるという方法をとっています。

いるか：ヒラリーやロックフェラー以外でドラコニアンの魂を持つ有名人を何人か教えてください。

COBRA：ビル・クリントン、アンゲラ・メルケル、マリオ・ドラギ、ディック・チェイニー、ドナルド・ラムズフェルド、ヘンリー・キッシンジャー。それに、ロックフェラー家はほとんどそうです。日本の安倍晋三もそうですよ。自覚はしてないと思いますが。

いるか：シオン長老の議定書について教えてください。

COBRA：この文書の内容は本物なのですが、実際にはシオニストが書いたのではなく、19世紀のフランスのフリーメイソン・ロッヂに潜入したイエズス会が出版したものです。イエズス会の陰謀を全てシオニストになすりつけようとしたのです。

いるか：大企業の食品にマイクロチップが意図的に入れられているということはあるのですか？

COBRA：20年前のアメリカのスープにはよく入っていました。現在、理由もなく太ったと感じる場合はマイクロチップ入りスープをたくさん飲んだことが原因かもしれません。人によ

って は5キロくらい体の中にチップが蓄積されることもあります。デトックスをして取り除くことができます。

いるか：太陽を直視することでどのような効果がありますか？

COBRA：プラーナエネルギーを取り込むことができます。ただし直視するのは充分に気をつけてください。ほどほどにしてください。日の出と日の入りが太陽視をするのに良い時間帯です。

いるか：日本国内で東方連合（光の勢力）と繋がっている人物を教えてください。

COBRA：ベンジャミン・フルフォードです。

いるか：日本出身のアセンデッドマスターを教えてください。

COBRA：アマテラスなどの古代の女神や、縄文の女神です。

いるか：最後に日本人へのコメントをお願いします。

COBRA：多くの日本人が自分の起源と切り離されています。古い時代の日本の素晴らしい精神性と再び繋がってください。縄文時代などに素晴らしいメッセージが隠されているはずです。歴史を探求することでそれらの偉大な精神性を再発見してください。

タキオンヒーリングチェンバー使用によるプラスの変化

タキオンヒーリングチェンバーの設置後、全国から大勢の方がタキオンヒーリングチェンバーを体験しに我が家に来てくれました。北海道から九州、沖縄まで、遠い所から来た方も多かったです。台湾や香港から来た人もいました。私から見て、チェンバーに入った方はその後、自分らしい生き方を見つけたり、活動的になったり、明るい雰囲気になった人が多かったです。

多くの方をチェンバーに案内していて分かったことがあります。チェンバーを初めて使用した人や、体がとても疲れている人、病気の人が入ると、使用後のチェンバー内に、その人の体から出た老廃物の匂いや邪気のようなネガティブなエネルギーが大量に漂っていることが多かったです。チェンバーは実際に人の体からネガティブなエネルギーを抜いてくれていることがよく分かりました。

たくさんのメールへの返信、チンターマニストーン埋設のための地図の管理などの仕事の多さに疲れた時はライトマンダラとタキオンヒーリングチェンバーが私を癒してくれました。チェンバー内のベッドで少しの間、横になるだけでも、体から疲れやネガティブなエネルギーを全て除去してくれて、気分も爽快な状態にしてくれました。

分からないことがある時はタキオンヒーリングチェンバーに入って少し瞑想をしたり、チェンバー内で光の勢力にアドバイスを求めると、たいていはすぐにひらめきを得ることができました。

私はたまにテレビゲームで遊ぶのですが、コントローラーから強力な電磁波が出ているようで、触っているうちに手から肘までがビリビリと痺(しび)れて痛くなってきます。そういう時にタキオンヒーリングチェンバーに入ると、痺れは1、2分で完全に消えます。また新幹線や飛行機に乗った日も私は電磁波の影響でとても疲れるのですが、タキオンヒーリングチェンバーに入ると短時間で回復しました。そんな風にして私の2016年は終わりました。

振り返ると、1年前にチンターマニストーンを手に入れてから様々な活動が始まりました。自分では特に意気込んだり、何かを頑張ろうと考えたわけではありませんでした。自然に色んなことを思いついて、気がついたら新しい活動を始めていました。

今まで学んできた知識が全て、この活動の役に立っています。今この時期に、地球を解放する活動を始めるために、学ぶことになったのだろうと思いました。

COBRA&ライトワーカーVSアルコンの熾烈な戦い

2017年、COBRAによる世界同時瞑想と闇の勢力の妨害工作

2017年の2月に、重要な世界同時の瞑想がCOBRAによって企画されました。

COBRAによると、1996年、地球は光の勢力によって解放される寸前だったそうです。そこで、闇の勢力が大規模な反撃に出て、アフリカのコンゴ民主共和国（1996年当時、ザイール共和国）の地下で、非物理次元の核爆弾を何度も爆発させて、ネガティブなポータル（異次元と繋がる穴）を作り出し、宇宙にある闇の勢力の基地から大量の闇の宇宙人（アルコン、レプティリアン等）が侵入したそうです。それからずっと、コンゴ民主共和国は闇のエネルギーに汚染された状態でした。そのコンゴ民主共和国を浄化するための瞑想が、2月26日の日食と同じタイミングで企画されたのです。

ブログ、フェイスブックやツイッター等を通じて世界中に瞑想の情報が拡散されました。14万人以上が瞑想に参加することで、地球全体に充分な共鳴場のエネルギーを作ることができ、瞑想が成功すると言われていたのですが、最終的に15～20万人が参加しました。

瞑想は大成功でした。銀河の中心にあるセントラルサンから強力なエネルギーが発せられ、コンゴ民主共和国だけでなく、この宇宙全体のネガティブなエネルギーフィールドが浄化されたとCOBRAはブログで報告していました。

瞑想が始まる直前、私が飼っている15歳の猫の様子がおかしくなりました。首を横に傾けた状態になっていて、それが戻らないのです。時間が来たので私は瞑想に参加しましたが、猫はしばらくすると、立っていることができなくなり、倒れてしまいました。目は焦点が合わず虚ろになり、その場に便をもらしてしまいました。ついさっきまでは何の異常もなく、昔からずっと健康な猫でした。これは、闇の勢力によるプラズマ・スカラー兵器による攻撃だと思いました。頭に攻撃を受けて、脳卒中のような状態になったのだと思いました。闇の勢力は重要な瞑想を妨害するために、私の飼い猫を攻撃したようです。

私は事前に光の勢力に対して、自分や家族や猫のプロテクション（保護）を依頼していたのですが、残念ながら守りきれなかったようです。

翌日、動物病院に連れて行っても原因は分かりませんでした。目が虚ろで、ぐったりと寝込んでいる状態でした。低体温以下の体温で、とても危険な状態だと言われました。獣医によると、猫は調子が悪くなっても、しばらく休めば元気になるというので、家に帰って安静にさせました。タキオンヒーリングチェンバーにも入れました。獣医の言う通り、日が経つにつれて少しずつ回復していき、2週間後には自分で歩けるようになりました。

後で友人たちに話を聞くと、私と同じようにその瞑想の日に飼い猫が死んだという人が何名かいました。これは偶然とは思えませんでした。闇の勢力はなんとしてでも世界同時瞑想を妨害したかったようです。

攻撃を受けることで、私の気持ちが萎縮するようなことはなく、むしろ、これは闇の勢力にとってはとても困る、大事な瞑想であることが分かりました。

猫は現在も元気に生きています。首は少し傾いた状態ですが、それを除けば攻撃を受ける前と変わりはなく、生活に支障はありません。

世界同時瞑想のすぐ後に、この年も台湾でＣＯＢＲＡの会議が行われることになったので、私も参加しました。日本から大勢の人が参加しました。今回も様々なことを学ぶことができました。

ＣＯＢＲＡのブログ記事はその時の思いつきで書かれているのではなく、地球の地下世界で暮らす７０００万人のレジスタンス・ムーブメントの仲間と共に、よく考えられたものを書いていると言っていました。

春にはジャーナリストのベンジャミン・フルフォードさんが、ＣＯＢＲＡのブログ読者のためにＷｅｂセミナーを開催してくれました。ベンジャミン・フルフォードさんは実際に東京駅でＣＯＢＲＡと待ち合わせして会ったことがあると話していました。世界中の地下を結ぶ高速鉄道網があるという話をＣＯＢＲＡから聞いたそうです。

神聖幾何学模様を応用した強力な土地浄化法

フラワーオブライフを描いてチンターマニストーンを埋めていく

２０１７年夏頃、ＣＯＢＲＡはブログで、チンターマニストーンをフラワーオブライフの模様に埋めることで、広い地域を強力に浄化できるという話を紹介しました。

「フラワーオブライフ」とは神聖幾何学模様（宇宙の原理を表している形のこと）です。中心点とその周りに六角形もしくは六芒星を描くように6点を描きます。これがフラワーオブライフの基礎となる、「シードオブライフ」という神聖幾何学模様です。さらにその中心点の周りに出来た6点が新たな中心点となり、それぞれの点の周りに六芒星を描くとフラワーオブライフが完成します。この図形は「生命」や「調和」を表していて、世界中の古代寺院や遺跡にも描かれています。

宇宙のプレアデス人も、こういったフラワーオブライフやピラミッドの形のような神聖幾何学を、科学技術やヒーリング技術に応用しているそうです。

シードオブライフは7個の点、フラワーオブライフは19個の点で出来ています。

フラワーオブライフをさらに1回り拡張させて、大サイズのフラワーオブライフを作ることもできます。大サイズのフラワーオブライフは37個の点で出来ています。

シードオブライフよりもフラワーオブライフの方が強力で、さらに大サイズのフラワーオブライフが強いパワーがあります（さらに拡張していくことも可能です）。

浄化したい土地に、フラワーオブライフを描いて、その点の場所にチンターマニストーンを埋めていくことで、チンターマニストーンのフラワーオブライフ・グリッドが完成するというわけです。

点と点の距離は、浄化したい地域の広さによって変更可能ですが、通常1~4キロといったところです。

フラワーオブライフ・グリッドはもともと、台湾チームのアイディアによって台湾で最初に作られ、完成してみると、

フラワーオブライフ

シードオブライフの形に並べられたチンターマニストーン

とても良い効果があることが分かりました。プレアデス艦隊や銀河連合による地球のエネルギー的な浄化活動（闇の勢力が活動しやすくなるネガティブなプラズマエネルギーを解消する活動）を支援できることが分かり、世界でも作ってみようということになりました。

私はこのフラワーオブライフ・グリッドの設置活動をブログで紹介しました。

自分でも地元に作ってみようと思い、図書館で地図をコピーしてきて、コンパスで地図に円を描いたりしたのですが、うまく作れませんでした。というのも、円を描いてから六芒星を作っても、その場所に実際に埋めることができるかをネットの地図の映像で確認しないといけません。その周辺に公園のような石を埋められそうな場所が見つからなければ、初めからやり直しになってしまいます。大変な手間や根気を要する作業になることが分かったのですが、当時は他の作業で忙しくて、設計図を書く時間や気力がありませんでした。

ブログでフラワーオブライフの設計図を書いてくださる方を募集してみたところ、福岡の男の子が名乗り出てくれました。そして数日で、実際に福岡市の中心街に広がる大きな大サイズのフラワーオブライフ（合計37点）の設計図を書き上げてくれました。スマートフォンだけで

フラワーオブライフの形に並べられたチンターマニストーン

作ることができたそうです。しかも全ての地点に埋められることも予め確認したそうです。私はあまりの仕事の早さと完璧さに驚きました。

早速、埋設用の小さなチンターマニストーンを用意し、福岡に住むライトワーカーたちに送って、埋めていただきました。最後は徹夜で一気に埋めて、1週間で完成しました。

設置後は空が明るくなり、空気感やエネルギーが綺麗になったと感じたそうです。

福岡市のフラワーオブライフ・グリッド完成の1週間後、私は福岡のライトワーカーと完成のお祝いをするために福岡を訪れました。初めて訪れた福岡の街はとても綺麗で、良いところだと思いました。エネルギー的にも、空気や光の感じも美しかったです。

大サイズのフラワーオブライフ・グリッドを作ると、東京上空に銀河連合のUFOが現れる

福岡の次は、東京の中心部でも大サイズのフラワーオブライフを作ることになりました。

埋めるところが大変な場所もいくつかあったのですが、ライトワーカーたちの頑張りによって、10日間で完成しました。

完成した翌日、私たちは都内にある野原に昼過ぎに集まりました。そして、銀河連合にテレパシーで呼びかけて、東京のフラワーオブライフ・グリッドを活性化し、東京を浄化してもら

うようにお願いしました。

銀河連合の宇宙船と繋がる効果のあるタキオンファーデンクォーツ、タキオンアクアマリン、そしてチンターマニストーンも私たちの円陣の中央に置かれました。

瞑想を始めて数分後、空を見るとたくさんの光の点が現れました。その場にいた大勢の人々がその光を目撃し、騒然となりました。数分でいなくなってしまいましたが、みんな感激し、とても喜んでいました。銀河連合が私たちの存在を認識してくれていること、そしてテレパシーが届いたことが実感できた瞬間でした。

この出来事をブログで紹介したところ、関心を持ってくださる方がとても増え、全国でフラワーオブライフ・グリッドを作ろうという動きが加速しました。そして、短期間で全国にフラワーオブライフが作られていきました。

最終的に、北海道から沖縄まで、全26個のフラワーオブライフが完成しました。その場所は北海道、岩手、宮城、福島、埼玉、東京、神奈川、静岡、長野、石川、愛知、京都、奈良、大阪、岡山、広島、高知、福岡、熊本、長崎、沖縄です。1つの県に複数あるところもあります。

日本以外では台湾、中国、フランス、アメリカ等の国々でも現地のライトワーカーがフラワーオブライフを完成させました。完成後には国境を超えて私たちは同時刻にグリッドの活性化のために瞑想し、祝福しました。

私もフラワーオブライフ設置活動に参加し、合計で40か所以上は埋めました。友人の車に乗せてもらって、夏の朝から夕方まで埋めました。現地で埋められそうな場所が全く見つからない時もあったり、車が狭い路地に入り込んで壁にこすってしまったりといろいろあり大変でしたが、今になってみるとエキサイティングでとても楽しい経験でした。

フラワーオブライフ設置活動中は多くのライトワーカーが精神不安定になり、実際に活動から離れていったり、ケンカが始まったりもしましたが、これは明らかに闇の勢力による霊的な攻撃によるものでした。攻撃が増えるということはそれだけ、闇の勢力にとっては困る活動なのでしょう。

全国のほとんどのフラワーオブライフの設計図を書いてくださったのは福岡の男の子でした。本当にありがとうございました。この場を借りて改めて、フラワーオブライフ設置活動に参加してくださった方、支援してくださった全ての方に感謝します！

準宇宙チンターマニストーンその他の様々な日本の浄化活動

全国にフラワーオブライフが完成した後も、まだチンターマニストーンが埋まっていない地域はたくさんあったので、全国の方と共に引き続き埋めていくことになりました。

私は沖縄の石垣島や波照間島に行って、観光がてら、チンターマニストーンや自由意志強化タキオン水晶を埋めました。特に波照間島は素晴らしいところでした。浜辺が真っ白で、磯臭さが全くせず、海も透明で、楽園そのものでした。あまりに美しい大自然の中で、心も開放的になりました。

後に、沖縄は女神のエネルギーのボルテックス（パワースポット）だとCOBRAに教わったのですが、私が波照間島で感じたのは女神のエネルギーだったのかもしれません。

夏頃、準宇宙チンターマニストーンというものをCOBRAが紹介していました。これはロケットに搭載されて高度34キロ地点の準宇宙空間まで到達してから地上に戻ってきたチンターマニストーンです。闇の勢力が作り出した、宇宙と地球を隔てるベールの向こう側に存在する純粋な宇宙のエネルギーを浴びたことで、強力なエネルギーが付加されているそうです。

チンターマニストーンを強化するためにロケットを打ち上げるのは凄いと思いました。私は、この特別なチンターマニストーンを富士山に埋めるとよさそうだと思いました。日本の代表的なパワースポットだからです。そして実際に登山が好きな方が埋めに行ってくださることになりました。

山頂に、準宇宙チンターマニストーン、タキオン化された自由意志強化水晶、アメジスト、アクアマリン、モルダバイトも一緒に埋めていただきました。その後、準宇宙チンターマニス

波照間島の海

トーンも北海道から沖縄まで、全国のあらゆる地域に設置されていきました。

また、COBRAにメールで聞いたところ、特に深い洞窟の最深部に準宇宙チンターマニストーンを埋めることで、地球解放のイベントを支援することができると教えてもらったので、全国の深い洞窟に埋めに行った方もいました。

岩手県に、牛を自然放牧させている「なかほら牧場」というところがあります。近所の方が牧場の見学がてら、この牧場の経営者の中洞（なかほら）さんにチンターマニストーンによる浄化活動のことを話したところ、埋設を許可してくださり、穴を掘って一緒に石を埋めてくださったそうです。なかほら牧場の牛は普段は山にいて、自然の草を食べているのですが、自分から牛舎にやってきて乳を搾らせてくれるそうです。自然と調和した貴重な牧場です。

アクアマリンという水色の宝石をタキオン化したものを埋設すると、その土地に5次元のエネルギーや聖なる光をもたらすことができるとCOBRAが紹介していました。

フラワーオブライフや準宇宙チンターマニストーンの埋設活動も終わり、他に何かできることはないかなと探して、今度はシードオブライフの形でタキオン化したアクアマリンを全国に埋設していくことにしました。これも短期間で全国に完成しました。

札幌、仙台、長野、東京の渋谷区と国分寺、神奈川の平塚、名古屋、大阪のミナミ、淡路島、福岡、沖縄の読谷村に埋めれました。

沖縄に米軍基地が多いのは女神のボルテックスを封印するため?!

２０１７年末には、２回目のCOBRAインタビューができました。

いるか：日本では２０１７年に入ってから、闇の勢力からライトワーカーへの攻撃が大幅に減少しました。これはどういう原因が考えられますか？

COBRA：先進的な光の技術によるものです。タキオンヒーリングチェンバー、マンダラレーザーシステム（ライトマンダラ）等。

いるか：タキオンヒーリングチェンバーに入っている間はプレアデス人やシリウス人や天使と繋がることができますか？

COBRA：はい。

いるか：チェンバーに入った後でも繋がりやすい状態は続きますか？

COBRA：はい。

いるか：アセンデッドマスターと繋がることができる鉱物があれば教えてください。

COBRA：ゴシェナイトです。

いるか：COBRAはアクアマリンやモルガナイトを推薦してくれましたが、なぜこれらの石は素晴らしいのでしょうか？　これらベリル（緑柱石）の鉱物にはどのような秘密がありま すか？

COBRA：ベリルは光と繋がる最も強力な神聖幾何学形の六方晶構造だからです。

いるか：ガイ・バラードまたはゴッドフリー・レイ・キングの著作や彼のI AM運動について教えてください。

COBRA：どちらもあなたとあなたのI AM Presenceとアセンデッド・ビーイングを繋ぐのにとても良い本です。

いるか：マクドナルド・ベインが書いたDivine Healing of Mind & Body（邦題『心身の神癒』）という本はキリストがオーバーシャドウして書いた本だと言われていますが、何かご存知でしたらコメントをください。

COBRA：マクドナルド・ベインはアセンデッド・ビーイングと強い繋がりを持っていました。彼の繋がりは非常に信頼できるものです。それでもやはり完璧ではありません。

いるか：沖縄に行くと癒されるという人が多いです。沖縄は女神のエネルギーのボルテックス（パワースポット）なのですか？

タキオン化されたアクアマリン（左上）、モルガナイト（右上）、ゴシェナイト（下）

COBRA：そうです。

いるか：沖縄に米軍基地が多いのは女神のボルテックスを抑圧するためですか？

COBRA：そうです。

いるか：京都の鞍馬山にはサナト・クマラが降臨したという言い伝えがあります。鞍馬山について何かご存知でしたら教えてください。

COBRA：鞍馬山はサナト・クマラのエネルギーの、数ある入り口ポイントのひとつです。

いるか：日本の地下にもレジスタンス・ムーブメントや光の勢力の基地や高速鉄道はありますか？

COBRA：はい。

いるか：日本の本当の歴史について知っていることがあれば教えてください。例えば天皇家や神道について、そしていつから闇の勢力が侵入したかなど。

COBRA：まず最初に、イエズス会が長崎の港から侵入し、後に追放されました。そして明治時代の初めに、ロスチャイルドが天皇家に潜入し、それ以来、日本を支配しています。

いるか：ポジティブなアンドロメダ人やアルクトゥルス人はどのような外見なのですか？

COBRA：ヒューマノイド（人間型）です。

いるか：プレアデス人は温和でシリウス人は軽快という特徴があるなら、ポジティブなアンドロメダ人やアルクトゥルス人にはどのような特徴がありますか？

COBRA：アンドロメダ人は効率的（efficient）、アルクトゥルス人は理知的（intelligent）です。

いるか：日本ではここ数年、選挙が行われる度に開票作業において不正な操作があったことが疑われています。不正選挙は日本でも行われていますか？

COBRA：はい。

いるか：ケネディ大統領はなぜ暗殺されたのですか？

COBRA：彼は国際担保口座を開放しようとしたからです。そしてUFOに関する真実を伝えようとしたからです。

COBRAの最愛のパートナー、ISIS（アイシス）が暗殺される

2018年の初頭、COBRAのソウルメイトであり、最愛のパートナーである、ISIS（アイシス）という女性が、闇の勢力によって暗殺されたと、COBRAのブログに書かれていました。

ISISは強力な女神のエネルギーを地上に定着させる活動をしていたため、女神のエネルギーにアレルギー反応を起こすアルコンにとって、邪魔な存在だったのです。家の近所から、指向性エネルギー兵器という、壁を貫通して攻撃できる暗殺兵器によって、心臓を撃たれて殺

されたようです。

私も台湾のＣＯＢＲＡの会議で、ＩＳＩＳと会ったことがありました。ＣＯＢＲＡと共に、女神のエネルギーや女性の重要性についての講義をしていました。多くの人々からハグを求められて、それに応じていたら、最後はエネルギー的に疲れ果ててしまい、体調を崩すような、心の優しい繊細な女性でした。

体調を崩して、全員に対してワークショップができなくなり、数人だけを選ばないといけなくなったのですが、希望者が大勢いて、選別することが辛くて、後で人のいないところで泣いていたそうです。

ＣＯＢＲＡによると、地球が解放された後、ＩＳＩＳは生前と同じ肉体のクローンで地球に戻ってくることができるそうです。早くイベントが起きて、２人が再会できることを願います。

２０１８年、日本にすでに３５００個以上のチンターマニストーンが埋設された

この本を書いている時点で、日本には３５００個以上のチンターマニストーンが埋設されています。４月には新たに、富士山に様々なタキオン化された鉱物が埋設されました。約50グラムの特大チンターマニストーンを埋めていただきました。

その数日後、富士山周辺にたくさんのクラウドシップ（白い雲や彩雲に偽装した銀河連合の

宇宙船）が現れ、ツイッター等のＳＮＳでその写真が出回りました。

２０１８年5月には台湾でＣＯＢＲＡの会議が開かれ、私も参加しました。

現在、宇宙と地球の変容の最終局面にあり、地上の変容を平和的なものにするために、女神のエネルギーを地上にもたらすことが重要であると言っていました。

そのためには、実際に毎週、仲間と会って、女神の瞑想をすることが大切ということでした。台湾でＣＯＢＲＡから女神ＩＳＩＳのイニシエーションを受けた私は、帰国後、大阪で女神の瞑想をするグループを立ち上げました。実際に仲間達と共に屋外で女神の瞑想をすると、参加者たちは強力なエネルギーが送られて来ることを感じた後、胸や心がスッキリするという経験をしました。女神や銀河連合が私達にエネルギーを送ってくれているのが分かりました。朝からずっと空が曇っていたのに、女神の瞑想をしている間だけ空が晴れて、瞑想が終わるとまたすぐに曇るということもありました。

光の勢力が私たちを支援してくれているのが分かり、楽しく瞑想を続けることができています。

この2年間は毎日が驚きと発見の連続でした。私の魂が私を導いてくれました。そして、今では宇宙の銀河連合や女神も私を導いてくれています。少年時代から私が探し求めていたことは、自分が地球を解放するためにこの星にやってきた宇宙人であることを思い出すこと、そして自分の魂の任務を遂行することだと分かりました。

本当の自分を思い出すためには、あらゆる常識や慣習を無視して生きるしかありませんでした。その結果、魂のレベルで繋がっている本当の仲間たちと出会えました。魂の求めることだけをして生きて、魂が拒否することは一切しないという生き方をすることで、私は本当の自分と出会っていきました。虚しいと感じることは全くしないという生き方で、失ったものや犠牲になったことは、一つもありませんでした。余計で不必要なものだけが私から剝がれ落ちていき、その度に私は身軽になり、本当の自分を思い出していきました。多くの人はテクニックや知識を求めます。自分の外側にある何かを得ようとします。ですが、本当は自分の内側にこそ、自分にとって必要な可能性や力が備わっています。

大切な人間関係は、まず本当の自分と出会うことから始まります。内面の豊かさや調和や自己愛が、現実の豊かさや調和や心地よい人間関係や体の健康へと反映されていきます。それは自分自身の魂と繋がることによってのみ得られるものです。知識やテクニックや休日の趣味としてではなく、根本的な生き方として、魂と繋がって生きるということです。それだけが心の底からの満足感と喜びをもたらします。

魂・本音・心の叫びを抑圧した生き方をするのは間違いです。人々が自分の魂と繋がらないようにするために、闇の勢力はあらゆる陰謀や社会的なプログラミングを仕掛けてきました。魂と繋がる人々が増えれば、この闇のマトリックス（仮想空間）は崩壊するからです。それほど、私たちの魂、I AM Presence、本当の自分というのは強力なものです。だからこそ、私たちは自分の魂と繋がり、ありのままの自分を表現していく必要があるのです。

第2章からはＣＯＢＲＡの情報を私なりにまとめたものと、私がこれまでに学んできたことの中から、特に役に立った情報を紹介していきます。

第2章

COBRAが明かす「あなたに隠されたインビジブルな（見えざる）超現実」：知らなければ解放されない

アトランティスから続く闇の宇宙人の地球支配と光の勢力のレジスタンス・ムーブメント

人類を宇宙の中で隔離している「キメラ」と「アルコン」とは?

地球は2万6000年前のアトランティスの時代から現在まで、闇の宇宙人の勢力によって支配されてきました。人類は人質にとられ、宇宙の中で隔離されてきました。

光の勢力は、地下と宇宙への撤退を余儀なくされ、現在までずっと、闇の勢力と戦いながら、地球の解放を目指してきました。

闇の勢力のトップは、アンドロメダ銀河やオリオン座から地球にやってきた、ネガティブな宇宙人のグループ、「キメラ」と「アルコン」です。

キメラの正体は、人間の体に転生した昆虫の蜘蛛型の宇宙人です。アルコンは人間の体に転生した堕天使で、もともとは高次元の大天使でした。

キメラとアルコンの下には、イタリアの黒い貴族グループ、イエズス会の幹部、マルタ騎士団があり、その配下にロスチャイルドやロックフェラーのグループがいます。

彼らは各国政府、金融、石油、食品、医療、教育、宗教、軍事、マスメディア、あらゆる分野に対して、影響力を持っています。

アルコンは宗教を使って人類を精神的に支配することに関心があり、キメラは科学力を駆使して軍事的に地球を支配し、地球の隔離状態を維持することに関心があります。

キメラが一番の権力を持っていて、アルコンがその下にいます。

「キメラ」は、ギリシャ神話に出てくる、ライオンと山羊と蛇が組み合わさった怪物の名前でもあります。

「アルコン」は、もともとはグノーシス主義の言葉であり、偽りの神や、地上の支配者を意味します。

キメラグループの主要な拠点はこちらです。

ボルゴ・サント・スピリト（イタリア、ローマ）
アヴィアーノNATO基地（イタリア）
ある機密指定されている場所（中央ヨーロッパ）
別の機密指定されている場所（中央ヨーロッパ）
ラムシュタインNATO基地（ドイツ）

フェアフォード空軍基地（イギリス）
モントーク（アメリカ、ニューヨーク）
ライト・パターソン空軍基地（アメリカ、オハイオ）
サンディア／ロスアラモス（アメリカ、ニューメキシコ）
ホワイトサンズ／エリア６４１３（アメリカ、ユタ）
ネリス空軍基地／エリア51（アメリカ、ネバダ）
エドワーズ空軍基地（アメリカ、カリフォルニア）
ノヴァヤゼムリャ（ロシア）

六本木など世界中にある巨大な蜘蛛の像は、蜘蛛型の生命体であるキメラのエネルギーを物理次元に固定する役割を持っています。

ロスチャイルド派閥は、金融やマスメディアに強い影響力を持ち、主にヨーロッパを支配しています。彼らはオリオン座のリゲルから来た堕天使です。

ロスチャイルド派閥の有力者はジェイコブ、ナサニエル・フィリップ、エブリン、ダヴィドです。

ロックフェラー派閥はアメリカを支配しています。主に石油取引、医薬業界、食品業界を支配しています。

ロックフェラー派の主なメンバーは、ヘンリー・キッシンジャー、ジョージ・ハーバート・ウォーカー・ブッシュ、ディック・チェイニー、ヒラリー・クリントン、ジェイ・ロックフェラー、ドナルド・ラムズフェルド、カール・ローヴ、ポール・ウォルフォビッツです。ビル・ゲイツやジョージ・ソロスもこのグループと組んで活動している闇の勢力です。

この派閥のリーダーだったデイビッド・ロックフェラーは、2017年に光の勢力に連行されて尋問を受けた後、ストレスで心臓麻痺を起こして死にました。

ロックフェラー派のトップメンバーたちは、銀河の竜座（ドラコ）から来た、闇の宇宙人「ドラコニアン」です。アトランティス時代に地球に来て、人間の体に転生し始めました。

そして、奴隷であるレプティリアン（爬虫類型宇宙人）と共に、ニューワールドオーダー（新世界秩序）を推進してきました。

これは、独裁的な世界支配と、戦争や有害物質を使った人口削減計画のことです。

世界中で悪のドラゴンや、爬虫類的な怪物を退治する物語や伝説が多いのは、実際に闇の宇宙人であるドラコニアンやレプティリアンと戦ってきた歴史があるからです。

ただし、全てのドラコニアンやレプティリアンが悪ではなく、中にはポジティブなドラコニアンも存在します。

闇の勢力から地球を解放しようと活動している光の勢力は、こちらです。

銀河連合、アセンデッドマスター、レジスタンス・ムーブメント、ポジティブなテンプル騎士団、ドラゴングループ、地底にある光のアガルタ王国、天使、女神、そして世界中の目覚めたスターシードやライトワーカー達。

銀河連合は、**プレアデス艦隊、シリウス艦隊、アルクトゥルス艦隊、ポジティブなアンドロメダ艦隊、銀河セントラル種族**等から成る、緩やかな連合体です。地球を解放するために日々、活動しています。

アシュター司令官の部隊**「アシュターコマンド」**や、木星周辺でスピリチャルな分野で活動をしている**「ジュピターコマンド」**も、銀河連合の一つの部署です。

地球の上空には銀河連合の数百万の宇宙船が、姿を隠して待機しています。

銀河セントラル種族は銀河連合を作った存在です。銀河の中央にある太陽（セントラルサン）の近くで文明を発達させた非常に高度に発達した宇宙人であり、天使です。ウイングメーカーという名前でも知られています。銀河セントラル種族は7次元以上に存在しています。

アセンデッドマスターは、自分の人格を極限まで高めることで、高次元にアセンション（次元上昇）を遂げた人々のことです。愛、知恵、勇気を兼ね備えた存在です。地球を闇の勢力か

アシュター司令官とアシュターコマンド

ら解放し、人々がアセンションできるように銀河連合と共に活動しています。アセンデッドマスターの**サナンダ**は、銀河連合のリーダーです。

レジスタンス・ムーブメントは、地球の地下で活動している光の勢力です。約７０００万人のメンバーが存在し、その多くがアンドロメダに起源を持つ魂です。闇の勢力に対する諜報や軍事活動が主な活動です。

ＣＯＢＲＡはレジスタンス・ムーブメントの公式窓口を務めています。

レジスタンス・ムーブメントの重要な地下基地は、ニューヨーク、ロサンジェルス、ソルトレイクシティ、ロンドン、ミュンヘン、リュブリャナに存在します。

日本の関門海峡のあたりにもレジスタンス・ムーブメントの地下基地があります。

彼らは世界中に張り巡らされた地下の高速鉄道網を使って移動することができます。

レジスタンスの基地への入り口は、世界中の地下鉄の通路から繋がったところや、商業ビルやカフェの地下室から続く階段の先にあります。

アガルタ人は、アトランティス文明が闇の勢力によって支配された２万６０００年前に、地球の地下世界に避難した人々です。スピリチュアルな生き方を追求して、調和的に暮らしてきました。

ドラゴングループは、主にアジア一帯で活動している秘密結社です。特に台湾で活動が盛んです。ドラゴングループと繋がっている科学者は世界中に大勢います。

ドラゴングループのうち、ブルードラゴンは、地底にある光のアガルタ王国のネットワークと繋がっていて、道教のグループから生まれました。最先端ヒーリング装置であるライトマンダラを開発したのは、このグループです。

レッドドラゴンは明王朝の軍部が起源の、ポジティブなドラコニアン（宇宙人）のグループです。中国に入り込んだイエズス会とロスチャイルドを打倒するために活動してきました。

スターシードは、地球を解放するために、2万6000年前に地球にやってきた宇宙人の魂を持つ人々です。この本を読んでいて、とてもワクワクしたり、懐かしさや深い感動を覚える人がいれば、その人は間違いなくスターシードです。スターシードは今回の人生のこの時期に活動するために、過去世で多くの訓練を積んできました。スターシードの目的は、今この時期、自分の使命を思い出し、自分の才能を活かして、地球の解放を支援すること、そしてアセンションすることです。

COBRAはレジスタンス・ムーブメントの公式窓口を務める人物のコードネーム

COBRAは、レジスタンス・ムーブメントの公式窓口を務める人物のコードネームです。プレアデス人の魂を持った人間です。世界中で会議を開いているので、多くの人が実際に会ったことがあります。

また、COBRAは人物のコードネームであると同時に、地球を解放する光の勢力の作戦名でもあります。「Compression Breakthrough」（圧縮突破）を略した言葉です。

圧縮突破とは、上空にいる銀河連合と、地下のレジスタンス・ムーブメントやアガルタ人が、地上の闇の勢力を挟み撃ちにして、地球を解放するという意味が込められています。

COBRAという名前は、クンダリーニという生命エネルギーのことでもあります。これは、悟り、解放や自由をもたらすエネルギーの象徴です。ネガティブな爬虫類人とは関係がありません。

COBRAは、プレアデス人やレジスタンス・ムーブメント等からの最新情報を、ブログ「The Portal」で公開しています。記事は英語で書かれていますが、日本のサイトでも翻訳されているので「PFC-JAPAN OFFICIAL」、「働かなくてもいい社会」等のブログでも読むことができます。本書の巻末にこれらのサイトのアドレスを紹介しています。COBRAのブログの読者の80％以上がスターシードです。COBRAのブログに関心を持っている人は基本的にスターシードということです。

COBRA

愛と光の星　プレアデスとシリウス

プレアデスは、おうし座の散開星団です。日本語では「すばる」と呼ばれています。

そこに住んでいるプレアデス人は、愛に満ちたポジティブな存在です。外見は地球の人間とよく似ています。彼らは銀河連合の一員であり、地球の解放のために大昔から活動しています。

アシュターコマンドに所属するプレアデス人も多いです。プレアデス人は美しい芸術や音楽や性愛を大切にしています。食事はせず、不老不死の霊薬を飲んで暮らしています。地上の全てのスターシードが魂の使命に目覚めて活動できるようにエネルギーやテレパシーを送って支援してくれています。プレアデス人は5次元と6次元に存在しています。

イギリスの畑に美しい幾何学模様が現れるミステリーサークル（クロップサークル）のうち、人がイタズラで作ったもの以外は、プレアデス人が作っています。イギリスには強力なプレアデスのポータル（次元間の出入り口）があり、そこから宇宙船で入ってきてミステリーサーク

プレアデス人

ルを作って帰っていきます。

ポリネシアのボラボラ島の地下や、ヒマラヤ山脈にはプレアデス人の基地があります。

アメリカ空軍で働いていた天才科学者のフレッド・ベル博士は、プレアデス人の女性「セムヤーゼ」と接触し、プレアデスの科学技術を教えてもらいました。フレッド・ベル博士とプレアデス人セムヤーゼの話は『プレアデス科学の謎』（徳間書店）に詳しく書かれているので、興味のある方は読んでみてください。

シリウスは、地球から8・6光年の距離にある、おおいぬ座の恒星です。太陽系外の星では最も明るい星です。シリウスの周囲には、非物質的なエーテル次元の惑星が周回していて、そこに暮らすシリウス人もエーテル次元に存在しています。

シリウス人には、人間型（ヒューマノイド）、ネコ型、それにクジラやイルカも存在します。シリウス人は軽快で喜びに満ちた種族です。シリウス人は銀河連合の一員で、地球の解放の

セムヤーゼ（プレアデス人）

シリウス人

ために活動しています。

また、多くの存在が地球に転生してきて、スターシードとして活動しています。アフリカのマリ共和国のドゴン族や、ニュージーランドのマオリ族はシリウスから来ました。イエス・キリスト、バグワン・シュリ・ラジニーシ（OSHO）、女神アイシスもシリウスから来ました。

シェルダン・ナイドルというブロガーは、シリウス人と物理的に接触していました。

シリウスは、銀河の光のネットワークの発達を支援してくれています。過去に銀河に大量の闇の存在が侵入してきた時でもシリウスAは光を保つことができました。この銀河の中で、シリウスは光の重要拠点です。

シリウスは地球に最も近い、高次元世界と繋がるスターゲートでもあります。シリウスの近くには他にも数多くのスターゲートがあります。

アンタレス（さそり座）、アルデバラン（おうし座）、アルクトゥルス（うしかい座）、トゥバン（りゅう座）と北斗七星などがそうです。

アルクトゥルス人は、信念体系の浄化と、精神を5次元以上の魂の次元に繋げることを支援

アセンデッドマスターたち

してくれます。地球のエネルギーグリッド（レイライン）を活性化させる活動をしています。

アセンデッドマスターとアセンション

アセンデッドマスター、あるいはアセンデッドビーイングとは、意識と肉体の振動数を極限まで発達させることで、「アセンション」（次元上昇）を達成した人々です。聖白色同胞団という名前で呼ばれることもあります。

アセンションは、高次元で永遠の光の生命体として生きることです。物質界の制約からの解放、欲望や執着心からの解放です。老化や死の存在しない次元への移行です。

アセンションをしても、地上で自分の姿を現すこともできますし、空を飛んだり、宇宙を移動したりすることもできます。仲間と活動したり、音楽を奏でたり、自由に過ごすことができます。

有名なアセンデッドマスターは、サナンダ、サン・ジェルマン、アシュター、モリヤ、クートフーミ、セラピス・ベイ、ジュワル・クール等です。

仏陀、老子、日本のアマテラスもアセンデッドマスターです。

光の勢力の最終目標は、人類と地球のアセンションです。

アセンションプロセス（アセンションに向けた本格的な取り組み）は、地球解放のイベントの瞬間から始まります。早い人でもアセンションを達成するまでに3～4年ほどかかります。

　宇宙では、何十億もの存在がアセンションして、アセンデッドマスターとなりましたが、地球からアセンションした存在の数は、およそ70名です。アトランティス時代からずっと、闇の勢力による地球の隔離状態が続いているため、地球でアセンションを達成することは容易でないのです。

アシュターは2万5000年前にアセンションした存在です。銀河連合の中の**「アシュターコマンド」**という部署の司令官として、地球の人類を解放するために働いています。アシュタールと表記されることもあります。

アシュター司令官

　アシュターの目的は、人類のアセンションを助けること、人類の意識の転換を導くこと、人類と友好的な宇宙人のファーストコンタクト（文化交流の開始）を実現すること、人類のテレパシー能力を向上させること、地球のプレートの安定化、核ミサイルの無力化による核戦争の防止、等です。

　銀河連合は、巨大隕石や小惑星が地球に衝突しないように監視してくれているため、地球が突然、破壊されるようなことは起きません。地球規模の破局的な自然災害も防いでくれています。

ＣＯＢＲＡはアメリカのシャスタ山で、アシュターと会合を行ったことがあります。５キロ離れていても、圧倒的なエネルギーで体が吹き飛ばされそうだったと述べています。アシュターコマンドと繋がって、テレパシーを受け取ることは可能です。

プロテクションワーク その①
アシュターコマンドと繋がる瞑想

瞑想をして、白い光に自分が包まれていることをイメージします。
そして、心から真剣に、アシュターコマンドに繋がることと、アシュターコマンドからのテレパシーや導きを受け入れることを意図します。
やがて、アシュターコマンドからのテレパシーを受け取るようになります。

サン・ジェルマン伯爵は主に18〜19世紀のフランスやアメリカで活動したアセンデッドマスターです。英語ではセント・ジャーメインと読みます。

サン・ジェルマンは神出鬼没で、どの時代に出会った人も、サン・ジェルマンは若々しく見えた、と報告しています。

アセンデッドマスターは物質次元の制約を受けない光の存在なので、歳をとることもなく、食事をする必要もありません。何もないところから金貨やダイヤモンドを自由に取り出したり、空を飛んだりすることもできます。

その超人的な能力を駆使して、人類がI AM Presence（本当の自分）と繋がり、アセンションを達成できるように、あらゆる時代の重要な人物に接触して、世界に光を広める活動をしてきました。

サン・ジェルマンは18世紀のフランスにフリーメイソンのロッヂを設立しました。これは古代エジプトにあった秘教学校を復活させたものでした。

フランスのランバル公妃マリー・ルイーズとマリー・アントワネットは、サン・ジェルマンの手ほどきを受けて、ヴェルサイユ宮殿の小トリアノン宮殿にアトランティス時代の真の女神の秘儀を定着させました。マリー・アントワネットは光の勢力の一員でした。そのため、闇の勢力によって、マリー・アントワネットを中傷する話が広められてきたのです。

シェイクスピアの作品を書いたのはフランシス・ベーコンという人物でした。ベーコンは、地上に転生したサン・ジェルマンでした。つまりシェイクスピアの作品はサン・ジェルマンの

サン・ジェルマン伯爵

作品だということです。シェイクスピアという名前は、コードネームでした。

フランシス・ベーコンとして活動していたサン・ジェルマンは、「ニュー・アトランティス」という、理想の社会を描いた物語を書きました。

現在、サン・ジェルマンは、地球を解放し、「ニュー・アトランティス」を実現するため、銀河連合と共に活動しています。

世界中にチンターマニストーンを埋設して、地球規模のチンターマニストーン・グリッドを作る活動も、サン・ジェルマンが霊的に監督してきました。

２０１８年の春の時点で、チンターマニストーンを埋設する活動は成功し、第二段階として、エネルギーグリッド上に目覚めたライトワーカーのカップルを配置し、愛し合うカップルから生じる生命エネルギー（クンダリーニ）によるエネルギーグリッドの活性化を試みています。

サン・ジェルマンは具現化の法則と錬金術の知識をマスターして、莫大な財産を築きました。そして、信託基金を立ち上げ、約10兆ドルを貯めました。このサン・ジェルマンの基金は、地球の解放後に、地球の解放に尽力した主要なライトワーカーたちに分配されます。

サン・ジェルマンやアセンデッドマスターたちの活動について書かれた書籍として『明かされた秘密』、『マジッ

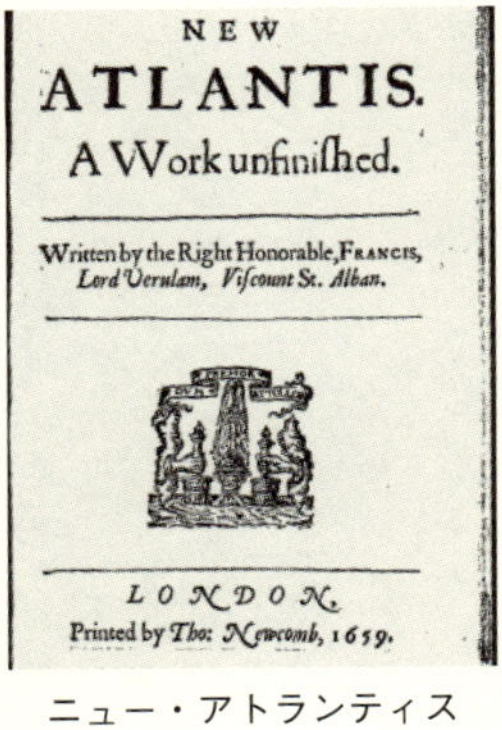
NEW
ATLANTIS.
A Work unfinished.
Written by the Right Honorable, FRANCIS, Lord Verulam, Viscount St. Alban.
LONDON,
Printed by Tho: Newcomb, 1659.

ニュー・アトランティス

ク・プレゼンス』（ゴッドフリー・レイ・キング著）と『メーソン　第三等級の姉弟』（ウィル・L・ガーヴァー著）が挙げられます。非常に良い本です。

アセンデッドマスターたちは遠い昔から人類の発展と成長のために力を尽くしてくれている純粋な光の存在です。私たちの人格や霊的な成長を見守り、エネルギーを送って成長を支援し、本来の自分になれるように働きかけてくれています。

自分から、アセンデッドマスターに呼びかけることもできます。心の中で気軽に呼びかけて、支援をお願いすればいいのです。自分を成長させ、地球に光をもたらす意志がある場合には特に、アセンデッドマスターはこちらの想いに応えてくれて、強力に支援してくれます。

星とアセンデッドマスターのレイ（光線）

それぞれの星やアセンデッドマスターには固有のエネルギー光線が存在します。
ここでは主な星とアセンデッドマスターの光線のエネルギーを紹介します。

星の光線

プレアデス（おうし座）
効果：ソウルメイトとの愛のある関係の実現、自己愛の回復、傷ついた心を癒す。

シリウス（おおいぬ座）
効果：喜びと幸福感をもたらす。自他を許すことによるカルマの消去。イルカと繋がる。

オリオン座
効果：潜在意識の影の側面の統合。恐れと憎しみと恨みを変容。

セントラルサン（銀河の中心の太陽）
効果：私たちの目的を宇宙の至高の計画へと近づけ、魂の使命へと導き、自由意志を強化する。

アンドロメダ銀河
効果：物質次元の生活を熟達させ、豊かにし、願いの具現化を支援。

アンタレス・アルデバラン
効果：私たちの意識を人格的なレベルから魂のレベルへと引き上げ、今世と過去世のトラウマ的な記憶を消去する。ワンネスの意識をもたらす。

リラ（琴座）
効果：創造力と潜在能力、才能の開花。

アセンデッドマスターの光線

サナンダ
効果：無条件の愛と私たちを繋ぐ。

クートフーミ
効果：英知と理解力と調和をもたらす。肉体のヒーリング。

アシュター
効果：テレパシー能力の開花、アセンションプロセスの支援。

サン・ジェルマン
効果：願いの具現化と内的な変容を支援。ライトワーカーへの財政的な支援。

セラピス・ベイ

効果：天使と私たちを繋ぎ、神聖な進化へと導く。

ジュワル・クール

効果：エーテル体のヒーリングの支援。プロのヒーリング能力。

プロテクションワーク その②

光の勢力に保護やヒーリングを依頼する瞑想

銀河のセントラルサンから水色の光の柱が降りてきて、自分を囲み、そのまま地球の中心まで到達します。

今度は、地球の中心から水色の光の柱が自分を通って、セントラルサンへと上昇していくことを視覚化します。

そして、銀河連合のプレアデス人、シリウス人、アルクトゥルス人、ポジティブなアンドロメダ人、アシュターコマンド、アセンデッドマスター、レジスタンス・ムーブメント、ドラゴングループ、スピリチュアルガイド、女神、天使、大天使ザドキエル、大天使ミカエル、大天使ウリエル、大天使メタトロン、等の光の勢力に対して、保護、ヒーリング、アドバイス、支援などを依頼してください。

この瞑想は、どの体勢で行ってもかまいません。声に出す必要はありません。

光の柱には、ネガティブな霊的存在による攻撃から自分を保護する効果があります。

自由に具体的な願い事や依頼をしてください。あらゆる状況で、気軽に依頼することができます。慣れてくれば、すぐに願いが届き、実行してくれるのが実感できるようになります。

私は毎日、たくさんの願い事や依頼を光の勢力にしていますが、ほとんど、すぐに叶えてくれます。

願い事の例を挙げます。

・自分や他者の心身のヒーリング(他者の場合は相手の了承が必要)。
・経済的豊かさや欲しい物が手に入るように支援してもらう。
・ネガティブな人や霊からの保護。
・分からないことについてアドバイスをもらう。
・トラブルの解決を支援してもらう。
・安全に外出や旅行ができるように保護と支援を依頼する。
・自分の魂との繋がりや、スピリチュアルな成長の支援を依頼する。

願い事が叶った時は、光の勢力に感謝の気持ちを伝えてください。

日々、光の勢力との繋がりを意識することで、繋がりが強化されていきます。

チンターマニストーンや、銀河連合のマザーシップとテレパシーで繋がる効果のある「タキオン・アクアマリン」を手に持つことで、より光の勢力と繋がりやすくなります。

光の勢力と繋がっている人々

光の勢力と繋がりのある有名な人を紹介します。

ウラジーミル・プーチン（ロシア大統領）
ニコラ・テスラ（発明家）
グリエルモ・マルコーニ（発明家）
イーロン・マスク（実業家）
ジュリアン・アサンジ（ジャーナリスト）
モーツァルト（作曲家）
J.S.バッハ（作曲家）
エンヤ（歌手）

ニコラ・テスラ（発明家）

ヘレナ・P・ブラヴァツキー（神秘思想家）
フルカネリ（錬金術師）
ニコラ・フラメル（錬金術師）
ジョージ・ワシントン（アメリカ初代大統領）
ルネ・ダンジュー（中世フランスの王族）
マリー・アントワネット（フランス王妃）
アレッサンドロ・ディ・カリオストロ（錬金術師）
オルバーン・ヴィクトル（ハンガリー首相）
ドーム兄弟（アールヌーヴォーのガラス工芸家）
アナスタシア（シベリアの女性）
フレッド・ベル（科学者）
ルドルフ・シュタイナー（神秘思想家）
ベアード・T・スポールディング（『ヒマラヤ聖者の生活探求』の著者）
アモラ・クァン・イン（チャネラー、作家）

光の勢力と強く結びついている主な国はロシアです。

プーチン大統領はプレアデス人と面会したことがあり、その時に強烈なスピリチュアルな体験をし、プレアデス人に協力するようになりました。それ以降、プーチンやロシア軍のトップは、プレアデス人の専門チームから、外交や軍事面での戦略的アドバイスを受けています。そのため、ロシアは闇の勢力からの攻撃を防ぐことができています。

ロシア軍の中にも闇の勢力は潜入しているため、宇宙人が存在する証拠を公表するようなことまではプーチンもできません。

ハンガリーとスイスには、ポジティブなテンプル騎士団がいて、強い影響力を持っています。台湾の地下には、光の勢力の広大な地下基地があります。現在は25億人が入ることができます。

イランは闇の勢力に反対しているため、闇の勢力の支配下にある西側のメディアによって常に批判されてきました。

日本やアメリカ、イギリス、フランス、ドイツ等、先進国のほとんどが闇の勢力の影響下にあります。

アメリカ大統領や日本の首相は、基本的に闇の勢力の操り人形です。

COBRAによる人物評価を紹介します。

1が最も善良、**10**が最も悪い人で、**5**はその中間です。

デイビッド・ロックフェラー（銀行家） 10
ヘンリー・キッシンジャー（外交官） 10
ディック・チェイニー（政治家） 10
ジョージ・H・W・ブッシュ・シニア（アメリカ大統領） 10
ズビグネフ・ブレジンスキー（政治学者） 9
ジョージ・ソロス（投資家） 9
ドナルド・ラムズフェルド（政治家） 9
ローマ法王フランシスコ（教皇） 8
エリザベス2世（英国女王） 8
ジョージ・W・ブッシュ・ジュニア（アメリカ大統領） 8
アンゲラ・メルケル（ドイツ首相） 8
ヒラリー・クリントン（政治家） 8
ビル・クリントン（政治家） 7-8
毛沢東（政治家） 8
サッダーム・フセイン（イラク大統領） 7-8
ウサーマ・ビン・ラディン 7-8
安倍晋三 7

ナポレオン　6
ダライ・ラマ14世　6
バシャール・アル＝アサド（シリア大統領）　6
習近平　5
蔣介石　5
エリザベス1世（英国女王）　5
ハサン・ロウハーニー（イラン大統領）　5
バラク・オバマ（アメリカ元大統領）　5
孫文（政治家）　4
オルバーン・ヴィクトル（ハンガリー首相）　4
エイブラハム・リンカーン（アメリカ大統領）　3
マーチン・ルーサー・キング（牧師）　3
ウラジーミル・プーチン（ロシア大統領）　2－3

物質界に転生したアルコン

イタリアの黒い貴族は物質界に転生したアルコンです。

古代ローマの時代から現代まで、皇帝や貴族の家系に転生し、カトリックやイエズス会を使って世界を支配し続けています。

彼らがバチカン、ローマ教皇庁、イエズス会、マルタ騎士団、コロンブス騎士団、そしてイタリア、アメリカ、南米のマフィアの管理者です。

世界を支配していると言われているロスチャイルド家は、黒い貴族やイエズス会の部下に過ぎません。

黒い貴族（＝アルコン）は女神のエネルギーにアレルギー反応を起こすため、世界中の女神崇拝の文化を破壊し、歴史的に女神のエネルギーや女性や女性性を攻撃し、抑圧してきました。

黒い貴族はオカルトやスピリチュアルの知識や瞑想や儀式に精通していて、日々、大勢の仲間同士で集まって、世界を支配するための瞑想やライトワーカーを霊的に攻撃するための瞑想をしています。こうした霊的な知識と活動が彼らの世界支配の力の源となっています。

アルコンはこのような霊的な戦争・オカルト戦争を得意としています。

ロスチャイルドは元々は農場主を意味するバウアーという姓であり、貴族ではないため、黒い貴族の情報ネットワークから除外されていて、アルコンのオカルト戦争を完全には理解できていません。

ロックフェラーは元々は平民なので、こうしたオカルト戦争について全く理解できていません。

黒い貴族がいる一方、闇の勢力に強く抵抗してルネサンスを支援したメディチ家のような、ポジティブな白い貴族も存在します。

主要なアルコン家系はこちらです。

マッシモ（マクシムス）家：バチカンとローマ教皇庁の所有者
ブレイクスピアー（ランチェロッティ）家：ハリウッドや心理学の分野で活動している家系
オルシーニ（ウルサス）家：レプティリアンと強く繋がっている家系。物質界のアルコンと非物質界のアルコンの繋ぎ役
アルドブランディーニ、ブランドリーニ家：数百年前にソースから分離する経験を選択したグループのメンバーが存在する家系
コロンナ（コルムナ）家：コロンブス騎士団の管理者
ボルジア（ボルハ）家：南米を支配している家系
パラヴィチーニ（パラティヌス）家：世界的な犯罪組織のトップの家系

ファルネーゼ家が建てたペンタゴン式宮殿

トルロニア家:BIS国際決済銀行の管理者

テオドリ(テオドシウス)家:テオドシウス1世は391年に女神の秘儀の破壊を命じたアルコンでした。

ガエターニ家:黒い貴族の商業組合の家系のマーサー家とニューヨークの5つのマフィアファミリーを通じて、ドナルド・トランプを操っている門番役

ファルネーゼ家:イエズス会とイルミナティを創設し、ロスチャイルドに権力を与えた家系

キージ家:イエズス会のための銀行家。モンテ・デイ・パスキ・ディ・シエナ銀行の管理者

宇宙の変革の時:セントラルサンが鼓動し銀河のスーパーウェーブが発生します

銀河の中心には太陽があり、これはセントラルサンと呼ばれ、銀河の心臓の役割を果たしています。

宇宙の1つの周期である2万6000年に1度、セントラルサンが鼓動し銀河中にエネルギーの粒子を送り、銀河を強力に浄化します。

現在はちょうど、2万6000年の周期の最後の時期です。もうすぐセントラルサンが鼓動し、銀河のスーパーウェーブが発生します。

2万6000年の半分の1万3000年の時点でも、セントラルサンの鼓動が戻る動きをし

て、銀河のスーパーウェーブが発生します。

１万３０００年前は、そのスーパーウェーブによって、アトランティス文明が崩壊しました。

もうすぐ起きるスーパーウェーブは、１万３０００年前のアトランティスの崩壊の時とは違います。この宇宙全体のサイクルの終わりでもあり、特別なものです。

宇宙の全ての二元性の闇が消滅します。地上でも、全ての闇の勢力が消え去り、社会が生まれ変わるという大変化が起きますが、銀河連合の働きと、ライトワーカーたちの瞑想により、破滅的なことは起きず、平和的なプロセスとなるでしょう。

現在、地球には、宇宙からの強いエネルギーが降り注いでいます。これはセントラルサンが、次の大きな鼓動を始める予兆です。光の勢力の計画では、１９７５年５月25日から２０２５年７月７日までの期間に、セントラルサンが鼓動し、銀河のスーパーウェーブが発せられ、それに含まれる大量のタキオン粒子により、宇宙と地球の全ての闇が消滅します。

銀河赤道と冬至の太陽が整列するのが１９７５年から２０２１年であることが、この宇宙の

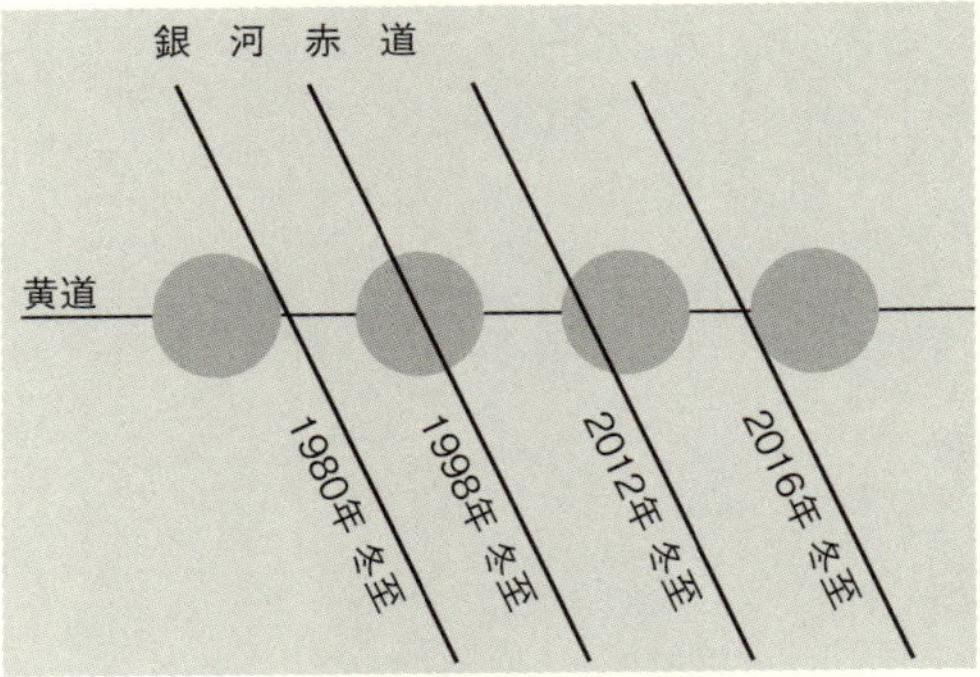

銀河赤道と冬至の太陽の整列

変革の時期を示す根拠となっています。

「イベント」:地球が解放される瞬間

「イベント」は地球が闇の勢力から完全に解放される瞬間のことです。

イベント時には、以下のことが起きる予定です。

・闇の勢力の全てのメンバーの排除と逮捕。
・マスメディアによる、地球と宇宙の真実の公開(これまで闇の勢力が人類にしてきたことの証拠、アトランティス文明の証拠、宇宙人やUFOの証拠、等)。
・金融リセットと、新しい公正な金融システムの始動。

イベントが起きると、宇宙から全ての闇や異常が消滅し、光と調和と豊かさの時代が始まります。人類は誰からも支配や抑圧や操作をされず、自由に健康的に生きることができるようになります。この数年で、光の勢力による地球解放作戦は急激に進展し、最終的な地球の解放が近づいてきました。

問題になっているのは闇の勢力の持っている強力な爆弾(プラズマ・トップレット爆弾)です。爆発すれば地球全体を破壊することになるので、光の勢力は慎重に撤去作業をしています。

これが除去されれば、イベントが始まります。

イベントが始まる時、銀河のセントラルサンから、スーパーウェーブが送信されます。

これがイベント開始の合図となります。

このエネルギーの波には、大量のタキオン粒子が含まれていて、地球の闇のエネルギーを一掃します。そして、多くの人がエネルギーの変化を感じて、何か重要なことが起きていることに気づきます。

同時に、チンターマニストーンは、銀河のセントラルサンからの、イベントを支援するエネルギーを受信し、チンターマニストーンを身に着けている人や、チンターマニストーンが埋められている場所に、そのエネルギーを送ります。

イベント時に排除された闇の勢力のメンバーで、自分が行ってきた悪事を認めず、反省する意志のない邪悪な者は、銀河のセントラルサンに連れて行かれて、魂レベルで分解されることになります。

通常、人が死んでも、肉体が滅ぶだけで、魂は高次元に戻って次の転生に備えることになりますが、セントラルサンでの分解は、魂も分解され、原始的な物質へと戻されます。

そこから新たに鉱物、植物、動物、人間へと、進化の過程をやり直すことになります。

すでにイルミナティのトップメンバーだったデイビッド・ロックフェラーの魂は分解され、消滅しました。

自分の過ちを認めることができた者は、更生の機会を与えられます。

プロテクションワーク その③

世界同時「アセンション瞑想」で地球解放を支援

同じ時刻に大勢の人々が同じ意図を持って瞑想することで、実際に犯罪率を大幅に低下させたという科学研究があります。私たちの意識のエネルギーを一つのことに向ければ、世界を変えることができるということです。

毎週、日曜日の25時（月曜日の早朝）に、世界同時の一斉瞑想がCOBRAにより企画されています。日本を含む、世界中の参加者がこの時間に瞑想をしています。地球の解放と私たちがアセンションすることを目的としています。（瞑想内容が変更される場合もあります）

瞑想内容はこちらです。

1. 自分なりの方法で意識をリラックスさせてください。
2. この瞑想によって地球とその住民のアセンションプロセスを加速させるという意図を宣言します。
3. 銀河のセントラルサンから放たれる一筋の光の柱を視覚化し、光の柱が太陽系内の全

ての光の地点を通り、自分の体を通って地球の中心へと向かっていきます。地球の中心から上昇するもう１つの光の柱を視覚化し、自分の体を通って空へと上昇し、太陽系と銀河系の全ての光の存在へと向かいます。自分は今、上下から光が流れている2本の光の柱の中にいます。

4. この光を虹の渦として視覚化し、地球全体と太陽系全体に広がり、全ての闇と異常を取り除き、マトリックスを解消させ、太陽系内の全ての存在に幸せ、豊かさ、平和と愛をもたらします。数分間、この光の柱を活性化し続けます。

5. マスメディアを通して、地球外生命体と秘密宇宙計画に関する完全な情報開示と大量の情報解禁が起きていることを視覚化します。全ての人のための新しい公平な金融システムが創られることを視覚化します。善良な地球外生命体とのファーストコンタクト（異なる文明との初めての相互接触）を視覚化します。イベントが起き、ついに地球が解放されることを視覚化します。

瞑想時間は15分間が目安です。

光の色の指定はありませんが、通常はエレクトリックブルー（薄い水色）を視覚化します。エレクトリックブルーは、銀河のセントラルサンと私たちを繋ぐ色です。

瞑想の参加人数がクリティカル・マス（臨界数）である、14万4０００人を超えた場合は、地球や宇宙に、特に強いポジティブな影響を与えられます。これまでに何度か、瞑想参加者が臨界数を超えたことがあり、その度に宇宙規模の劇的な変化が起こりました。

ロシアの宇宙観測システムにより、世界同時瞑想の直後から36時間も宇宙空間のプラズマフィールドに大きな変化が起きたことが観測されたこともあります。

レジスタンス・ムーブメントや銀河連合は、この瞑想の参加者を計測する技術を持っています。そして、瞑想の参加者をエネルギー的に支援してくれています。

この瞑想に限らず、瞑想をすると、光の勢力とエネルギー的に繋がるチャンネル(通信路)が開き、瞑想中に様々な導きやヒーリングエネルギーを受け取ることができます。

電車で座っている時や短い休憩時間に、目を閉じて頭を空っぽにしてリラックスすることで、意識が高次元に繋がり、良いアイディアを受け取りやすくなります。

特に、セントラルサンからのエレクトリックブルーの光の柱を降ろす瞑想は、ヒーリングや保護の効果が高いので、日常的に使うと良いでしょう。闇の勢力からの霊的な攻撃やネガティブなエネルギーから保護してくれます。

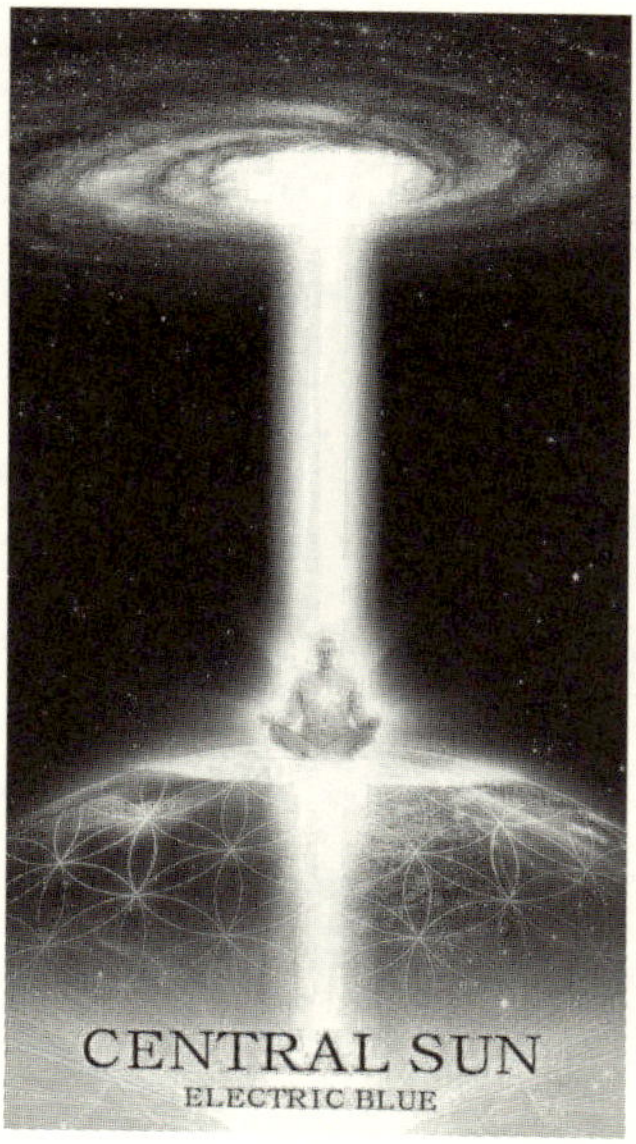

セントラルサンからの水色の光の柱

定期的にアセンション瞑想以外の重要な平和瞑想も企画されるので、瞑想に参加したい方はCOBRAのブログをチェックしてください。

※2020年現在、毎週日曜日の世界同時瞑想は、自由への鍵瞑想に変更されました。

私たちが生きている現実に7つの階層が存在する

私たちが生きている現実には、物質や肉体のある物質界だけでなく、様々な界層や次元が存在します。様々な界層や次元に存在する、高次元の体が重なり合って、私たちは存在しています。階層や次元は、振動数の高さとエネルギーフィールドの密度の低さによって区分けされています。どれだけソースと繫がっているかの違いだとも言えます。高い次元ほどソースと繫がっていて、ソースの正常なエネルギーを有しています。低い次元ほど、異常や闇が存在しています。

振動数が低い、密度の高い次元から順番に、**物質界、プラズマ界、エーテル界、アストラル界、メンタル界（マナス界・コーザル界）、ブッディ界、アートマ界、アヌパーダカ界（モナド界）、アーディ界（ロゴス界）**が存在します。

アーディ界の最高界に存在するのが至高のソース（全ての源）です。

プラズマ界、エーテル界は、物質界に含まれるので、実際は合計7つの階層が存在します。

さらに、それぞれの界に7つの亜界が存在するため、49の亜界が存在するという言い方もできます。

物質界が3次元、プラズマ界、エーテル界、アストラル界が4次元、メンタル界が5次元、ブッディ界が6次元、アートマ界が7次元、アヌパーダカ界が8次元、アーディ界が9次元、という言い方もできます。

人によって次元や密度の見解が違うので、これだけが正しい分類というわけではありません。

物質界からメンタル界までが**「パーソナリティ」**(個我、それぞれの人の人格)の次元です。人々の普段の生活や精神活動は主に、この領域で行われています。

ブッディ界以上が、**「魂」**のワンネスの次元です。魂の次元に、闇は存在しません。闇はブ

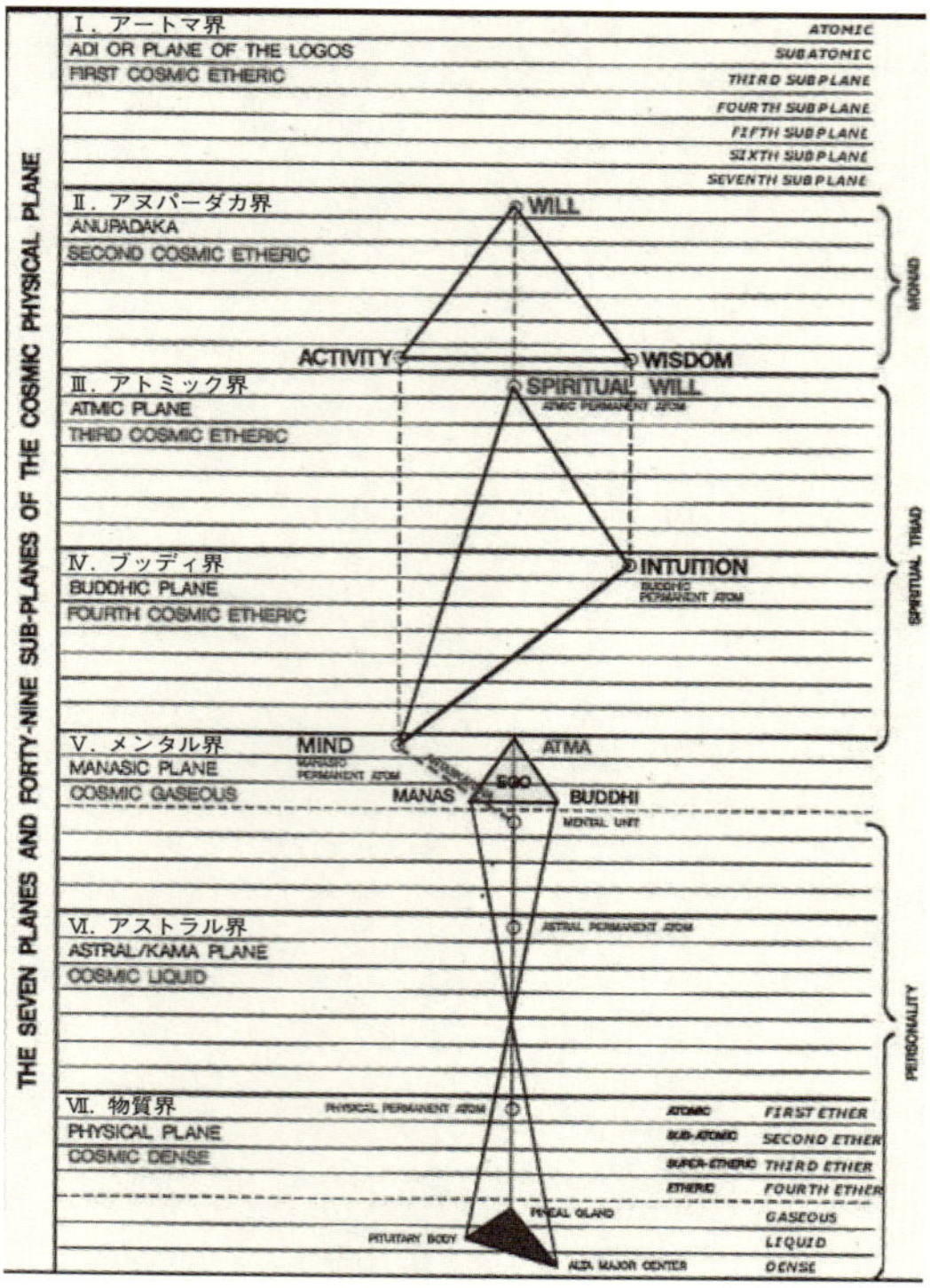

7つの界層

ッディ界より下の次元にのみ存在しています。

宇宙の初期異常の力によって生まれたのが、魂（ブッディ界以上）とパーソナリティ（メンタル界以下）を隔てる膜、そして、エーテル界と物質界を隔てる膜です。後者の膜がプラズマ界のことです。

それぞれの界を紹介していきます。

物質界（3次元）は、この、目に見えて触れることのできる肉体や物質の世界です。物質界より低い次元はありません。

プラズマ界（3〜4次元）は物質界とエーテル界の間にあります。これまで闇の勢力によって隠されてきた階層です。物質界の第4亜界と第5亜界の間に存在します。

宇宙が創造された時に、初期異常（偶然性）の影響を受けて、エーテル界と物質界の間にねじれが生じ、プラズマ界が生まれました。

プラズマとは、個体、液体、気体に続く物質の第4の状態で、イオン化された気体のことです。プラズマは自然界や宇宙ではありふれた物質です。恒星や雷はプラズマ放電をしています。

闇の勢力は、過去に太陽系のプラズマを、異常なネガティブなプラズマに変える操作をしました。そうすることで、銀河連合や天使が宇宙を移動することが困難になるからです。現在は、地球以外の全宇宙のプラズマ異常は浄化されました。

95％の病気はネガティブなプラズマが原因

闇の勢力は、人類を奴隷化するために、ネガティブなプラズマである「プラズマ・インプラント」を人類の体内に埋め込みました。これは周囲のネガティブなプラズマを引き寄せるブラックホールとして作用します。

また、闇の勢力はプラズマ界で作用するプラズマ・スカラー兵器を使用します。これは人々を物理的にも精神的にも攻撃できるため、これまでに多くの人々が攻撃を受けてきました。

物質はプラズマが凝縮されたものであるため、プラズマ界の異常や汚染はそのまま、物質や肉体の異常へと反映されます。95％の病気は、ネガティブなプラズマが原因です。

現在、地球のプラズマ界は汚染されているため、プラズマ界の浄化活動が行われています。プラズマ界や自分のプラズマ体を浄化するのに、最も効果的な手段が、タキオンヒーリングチェンバーやチンターマニストーンです。プラズマ体やプラズマ界が浄化されることで、高次元のエネルギーや最高次元のソースの意図が、物質次元や肉体に反映されやすくなります。ソースからの正常で健康的なエネルギーが物質界に伝わることで、ヒーリングが起きます。

そのため、プラズマ体やプラズマ界を浄化することは、とても重要です。

エーテル界（3～4次元）は、プラズマ界より高い次元です。エネルギーの世界です。

私たちが元気や活力を感じるような感覚は、エーテル界の体である、エーテル体の感覚です。東洋医学でいう経絡は、エーテル体の体内ネットワークのことです。

ヨガの世界でいうナディやチャクラも、エーテル体に存在します。

アストラル界の低層には、アルコンやレプティリアン等の闇の霊的存在が住んでいる

アストラル界（4次元）は、物質界やエーテル界よりも高い次元に存在します。

アストラル界は、感情の世界です。人があらゆる感情を感じることができるのは、アストラル体があるためです。寝ている時に魂が訪れるのもアストラル界です。感情の中でも、恐れや嫉妬や憎しみといったネガティブな感情は、低層アストラル界に属しています。この階層には、アルコンやレプティリアン等の闇の霊的存在が住んでいます。

そのため、ネガティブな感情を持っていると、このような存在とアストラル界で繋がってしまい、影響を受けたり、憑依されることもあります。ネガティブな存在と繋がらないためにも、ネガティブな感情を溜め込まず、手放し、自分の振動数を上げていくことが大切です。

通常、人が死ぬと、エーテル界やアストラル界に魂が移動します。そして、次の転生を待つことになります。


メンタル界（5次元）はアストラル界より高い階層にあり、思考や観念の世界です。メンタ

ル体で私たちは様々なことを考えます。

低層メンタル界は、感情の影響を受けている思考の世界です。感情によって左右される考えや、正しくない論理や情報が存在する次元です。

メンタル界までが個々人の「パーソナリティ」（個我）の世界です。

コーザル界（5次元）は、高層メンタル界に存在します。物質界の原型が存在する次元です。コーザル体は自分の魂とメンタル体を繋ぎます。コーザル界とブッディ界の間に、自分のハイアーマインド（高いレベルの精神）が存在します。

ブッディ界（6次元）から上が魂の次元です。悟りや至福の次元です。

銀河と地球の歴史：キメラとアルコンの誕生と人類への侵襲

ドラコニアンはハザール人に、アルコンはイタリアの黒い貴族に転生した

800万年前、宇宙の大天使の集団が、好奇心により、自分がソース（全ての源）から切り離されたらどんな気持ちになるだろうかと思いつき、それを実行しました。その結果、ソースに戻れなくなってしまい、闇を志向する存在となり、銀河を征服し始めるようになりました。このようにして、銀河の戦争が始まりました。

ソースから分離することを選び、堕天使となった存在は、やがてアルコンと呼ばれるようになりました。

約100万年前、キメラとアルコンが、オリオン座（リゲル）から太陽系に侵入しました。その後、闇の勢力は、地球の黄金時代のアトランティス大陸に侵入しました。

闇というものを知らなかったアトランティスの住民たちは、興味本位で、アルコンの闇の電子装置である、インプラントを埋め込むことを承諾しました。このインプラントには、人間と神、光と闇、性と愛など、人間のあらゆる精神活動を二元的に分裂させ、自分の魂との繋がりを阻害する効果がありました。その結果、人類の振動数が低下し、自分が何者であるかを忘れていきました。ここから、人類の混迷の歴史が始まります。

アトランティスでは、光と闇の魔術戦争が始まりました。89万年前と21万年前には大洪水がアトランティスを襲いました。

2万6000年前、銀河中のスターシードが、地球を解放するために集まり、地球の人間に転生し始めました。

闇の勢力は、地球の周囲にスカラー電磁障壁である「ベール」を張り巡らせ、地球を隔離状態にし、人類を人質にとりました。ベールの影響により、友好的な宇宙人の艦隊やスターシードが地球に入ることが困難になりました。

光の勢力は、人質を傷つけないために、地表から撤退しました。地下に撤退した光の勢力は、後に世界的な地下ネットワークを作り上げて、アガルタ・ネットワークと呼ばれるようになりました。彼らは、チンターマニストーンを保管していた人々です。

１万３０００年前、闇の勢力の操作と、セントラルサンのエネルギーの影響を受けて、アトランティス大陸の崩壊が始まり、紀元前９５００年頃に、アトランティス大陸は完全に沈没しました。

紀元前３６００年頃には、コーカサスのポータル（次元間の出入り口）から地球に侵入したドラコニアンの魂が人間に転生し、ハザール人と呼ばれるようになりました。

ハザール人はロックフェラー、ブッシュ、クリントン等の欧米のイルミナティの祖先です。彼らが自分たちの血統を鼻に掛けるのは、自分たちが原始的なネアンデルタール人の末裔であることの劣等感の裏返しです。大多数の人類はもっと知的に洗練されたクロマニョン人が起源です。

紀元前２２００年頃、アルコンにより、メソポタミタにアッカド帝国が作られました。アッカド帝国は極度に父権的で暴力的な社会で、その地域にある非常に重要な女神のエネルギーのボルテックス（パワースポット）を抑圧するために作られました。昨今のシリアを破壊した「イスラム国」も、アッカド帝国のように、女神のエネルギーボルテックスを抑圧するために、アルコンとイエズス会が作り出しました。

紀元前100年頃、アルコンの特殊部隊はエジプトのプトレマイオス朝に潜入し、それ以後も組織化された宗教を通して人類をマインドコントロールしてきました。プトレマイオス朝の次はローマのユリウス・クラウディウス朝、フラウィウス朝、コンスタンティヌス朝、テオドシウス朝、ジュスティニアーニ家へと権力を移していきました。中世以降、アルコンのグループはイタリアの黒い貴族へと転生するようになりました。

アルコンから直接、指令を受けて女神のエネルギーを消し去ろうとしている黒い貴族はこちらです。

パラヴィチーニ家、オルシーニ家、マッシモ家、ボルゲーゼ家、アルドブランディーニ家、コロンナ家、パチェッリ家、オデスカルキ家、オルトラーニ家、ルッツァーティ家。

325年、コンスタンティヌス1世がニカイア公会議を開き、カトリック教会を創設しました。コンスタンティヌス1世はアルコンで、人類をマインドコントロールするためにカトリックの教義を広めました。

14世紀、闇の勢力の生物工学技術によって作られたウィルスにより、ヨーロッパでコレラやペストが大流行しました。

15世紀、光の勢力と繋がっていたイタリアの白い貴族（メディチ家など）が、ルネサンスを支援しました。

1540年、アルコンと繋がっている、イタリアの黒い貴族であるファルネーゼ家が、イエズス会を創設しました。18世紀には、イエズス会士のアダム・ヴァイスハウプトがイルミナティを創設し、ロスチャイルド家に権力を与えるようになりました。

17世紀、アルコンは満州族を操って清王朝を興しました。その後、第4代皇帝の康熙帝はイエズス会を中国に招き入れました。この時にアルコンやイエズス会に抵抗したのが現在のポジティブな秘密結社であるドラゴングループ（レッドドラゴン）です。レッドドラゴンの起源は明の軍部です。

18世紀、フランスのパリで、サン・ジェルマンがミステリースクール（秘教学校）を創設しました。これはポジティブなフリーメイソンのロッヂでした。サン・ジェルマンはアメリカ独立や合衆国憲法の作成を支援しました。合衆国憲法は闇の勢力を追い出すことを目的として作られました。

ベンジャミン・フランクリンやジョージ・ワシントンは、サン・ジェルマンの影響下にあったポジティブなフリーメイソンでした。

19世紀初頭にフリーメイソンの上層部である32階級と33階級がイエズス会に乗っ取られました。

ナポレオンは、ロスチャイルド家のために働いていました。

19世紀、ロスチャイルドがアヘン戦争を通じて中国を支配するようになりました。20世紀には中国全土を掌握するようになりました。

１８７５年、アセンデッドマスターの働きかけにより、Ｈ・Ｐ・ブラヴァツキーが神智学協会を設立しました。ブラヴァツキーの死後、神智学協会はイエズス会に侵入され、ブラヴァツキーの教えは悪用されるようになりました。

キメラグループの手下・ドラコニアンとナチス・ヒトラーの関わり

19世紀、プレアデス人はドイツ人が宇宙進出できるように、テレパシーで働きかけました。第一次世界大戦の後、マリア・オルシックという霊媒の女性がアルデバラン星系のプレアデス人からテレパシーで宇宙船の作り方を教わりました。実際にドイツで宇宙船が作られましたが、最終的に闇の勢力に悪用され、闇の勢力に支援された地球人のグループが宇宙進出することになりました。これは「秘密宇宙計画」（Secret Space Program、略してＳＳＰ）と呼ばれています。ナチスは第二次世界大戦中に月に秘密基地を作りましたが、大戦後にレプティリアンに奪われました。

プレアデス人はヒトラーに接触し、大量殺戮（さつりく）をしないことと引き換えにプレアデスの高度な科学技術を提供する約束をしましたが、ヒトラー側が約束を反故にしたため、1942年頃にプレアデス人はヒトラーやナチスとの関わりを断ちました。

ヒトラーやスターリンは、ホロコースト計画を作ったヴロディミール・レドホフスキ（イエズス会総長）に仕えていました。

キメラグループは手下のドラコニアンを使い、カール・ハウスホーファーという代理人を通して、ヒトラーと接触しました。

ドラコニアンは1930年代にヒトラーや世界中の指導者と協定を結び、高度な軍事技術と引き換えに、ナチスの世界支配を通して人類を奴隷化する計画を開始しました。

戦後始まったワクチン接種は、キメラグループが人類にマイクロチップ（バイオチップ）を埋め込むことを目的として、WHO（世界保健機関）を通して広められました。このマイクロチップには人々が見聞きした情報を全てキメラグループに送る機能がありましたが、現在はレジスタンス・ムーブメントによって人類に埋め込まれたチップは除去されました。

第二次世界大戦は光の銀河連合と、闇のドラコニアン勢力との代理戦争でもありました。連

写真中央の女性がブラヴァツキー。3人の男性はアセンデッドマスターで、左からクートフーミ、モリヤ、サン・ジェルマン

合軍が勝利したことにより、銀河連合は部分的に勝利し、銀河の大半から闇の勢力が排除されました。ナチスは南極や南米に逃げたり、ペーパークリップ作戦を通じてアメリカに渡りました。これもドラコニアンの計画によるもので、現在は、ナチスの重要人物（ロックフェラー、ブッシュ、キッシンジャー、クリントン等）がアメリカを支配しています。彼らは自分がドラコニアンであることを自覚していて、人間とは違うことに誇りを持っています。

1953年以降、銀河連合は地球の人々に物理的に接触をし始め、2000年頃が時代の転換点であることを伝えるようになりました。実際、1990年頃には光の勢力が勝利しそうになったのですが、闇の勢力の反撃により、2000年頃に地球が解放されるという計画は延期されました。

1954年、プレアデス人とアシュターコマンド（銀河連合の一つの部署）の代表は、地球の隔離状態に風穴を開けるため、アメリカのアイゼンハワー大統領と面会しました。会見はエドワーズ空軍基地で行われました。アイゼンハワー大統領は闇の勢力の支配下にある軍部に圧

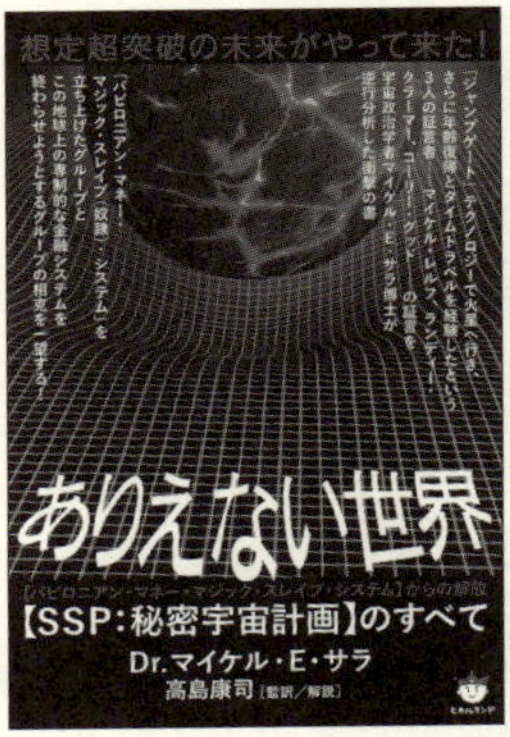

ドラコニアンと秘密宇宙計画に関する書籍

力をかけられ、銀河連合との協定を拒否させられました。その後、ドラコニアンや闇の宇宙人と協定を結ばされました。

プレアデス人は後に、アメリカのネガティブな軍部と交渉し、地上の住民に存在を知られないことを条件に、ポリネシアのボラボラ島に地下基地を建設する許可を得ました。

1954年にアメリカがビキニ環礁で行った核実験「キャッスル作戦」のうち、3回目のクーン(注:合計6回行われた核実験にはそれぞれ実験名が付いていた。1回目は「ブラボー」、2回目は「ロメオ」、続く3回目が「クーン」である)が失敗したのは、銀河連合の介入によるものでした。銀河連合が核爆弾の威力の90%を低下させる能力を持っていることを知ると、アメリカの軍産複合体は団結し合うようになりました。

1960年代、キメラグループ主導の秘密宇宙計画が本格的に始動し、アメリカ、ヨーロッパ、ソ連、中国のネガティブな軍部に、月と火星での共同秘密基地の建設を許可しました。人類側の闇の勢力と、宇宙のドラコニアンやキメラは協定を結び、宇宙や地球で、お互いの基地建設を支援し合うようになりました。闇の宇宙人たちはアメリカや世界中に数百の地下基地を作りました。この時の地球人側の闇の勢力のリーダーは、ブッシュ・シニア、ヘンリー・キッシンジャー、ドナルド・ラムズフェルド、ディック・チェイニーでした。

秘密宇宙計画を維持するための莫大な資金は、人類の税金によって捻出されました。

1961年、アイゼンハワー大統領が退任演説で、軍産複合体が多額の税金を使って武器やした。
兵器を製造していることや、やがてアメリカ政府を乗っ取る危険性があると、国民に警告しま

１９６３年、ＵＦＯの存在を公開しようとしたケネディ大統領が闇の勢力に暗殺されました。
１９６０年代後半、アメリカで性革命を伴うヒッピームーブメントが起きました。これは闇の勢力の支配体制に対して民衆が初めて立ち上がった反乱でしたが、後に闇の勢力によって麻薬が導入され、最終的には活動全体が乗っ取られてしまいました。

１９９５年、宇宙の様々な勢力の間で平和協定が結ばれましたが、その協定に不満を持つ勢力により、１９９６年には宇宙の闇の勢力が地球を侵略し始めました。

アルコンは、アフリカのコンゴ民主共和国（当時、ザイール共和国）の地下で非物理次元の核爆弾を２００個爆発させ、ネガティブなエネルギーによりポータル（次元の出入り口）を作り出しました。そこから宇宙の大量のレプティリアンがコンゴ民主共和国に侵入し、世界中の軍事基地や人間社会に配置されました。

同時に、アルコンとキメラはヘリオポーズ（太陽系圏の境界）にネガティブなバリアを張り、アセンデッドマスター以外の全ての生命体にプラズマ・インプラントを埋め込みました。そのことで光の勢力はアセンデッドマスターとの繋がりを一時的に断たれ、人類も自分の魂との繋がりを断たれ、高次元の記憶を消去されました。全てのチャネラーも、正しくチャネリングができないようにされました。１９９６年を境に、スピリチュアル書籍、チャネリングメッセー

ジ、そして音楽の質が低下したのは、このことが原因でした。

闇の勢力はプレアデス人にまでマイクロチップを埋め込む

闇の勢力は、シリウス恒星系を除く、地球から１０００光年以内のほとんどの星を支配し、プレアデス星団にも侵攻しました。数十万年の間、平和に過ごしてきたプレアデス人は衝撃を受けました。闇の勢力は少数のプレアデス人を人質にとり、アメリカのニューメキシコ州の地下基地に連れて行って、マイクロチップを埋め込みました。プレアデス星団は１９９９年に銀河連合によって解放され、地球に連れて行かれたプレアデス人の人質は２００１年に解放されましたが、プレアデス人がショックから立ち直って、銀河連合に参加するまでに10年近くの期間を要しました。

ダフト・パンクと松本零士のコラボレーション作品「インターステラ５５５５」というアニメの冒頭のシーンは、闇の勢力に侵略された時のプレアデスの様子とよく似ています。

１９９６年から１９９９年の間に、オリオン座のリゲルの闇の勢力の拠点から、地球に、ストレンジレット爆弾やスカラー兵器等の、危険な兵器が持ち込まれました。

この頃、イルミナティは、レジスタンス・ムーブメントの前身組織である「オーガナイゼーション」を壊滅させるために攻撃を始めました。「オーガナイゼーション」はほぼ壊滅させられ、アガルタ王国も壊滅寸前になりました。

１９９８年、プレアデス艦隊とアシュターコマンドが太陽系内に戻り始めました。地球の霊的次元にいて転生を待っていた７００億人の魂の大半を、アシュターコマンドが、プレアデスの惑星のヒーリング施設に大量避難させました。この時、避難しなかった魂とは、霊的次元のアルコンが人質にとっていた魂、物質界に強い執着のある魂、人類を助けるために残った魂です。

１９９９年、プレアデス人は太陽系の外れに位置する惑星Ｘにいるレジスタンス・ムーブメントと連絡をとり、プレアデス人の支援を受けたレジスタンス・ムーブメントは、惑星Ｘを支配していたイルミナティに対して一斉蜂起しました。３週間後にイルミナティは打倒され、火星や月の基地に逃げました。その後、惑星Ｘのレジスタンス・ムーブメントが地球の地下にやってきて、「オーガナイゼーション」と合流し、現在の「レジスタンス・ムーブメント」となりました。

２０００年、銀河連合の反撃により、イルミナティは月と火星などの太陽系内の基地を失いました。太陽系内からドラコニアンやレプティリアンの大半が排除されました。闇の勢力はパニックになり、２００１年に9・11のテロを起こしました。飛行機は本当にビルに衝突しましたが、実際にはビルに設置された核爆弾によって爆破されました。

２００９年、ワクチンの中のバイオチップがより強力なものに差し替えられましたが、レジスタンス・ムーブメントが2017年頃に除去しました。

2011年、闇の勢力が日本を脅して活動資金を得るために、3・11の地震と放射能パニックを人工的に引き起こしました。2011年3月11日は天王星が新たな84年サイクルに入る前日で、闇の勢力は日付を選んでこの日に実行しました。福島や関東が放射能汚染されているという話については、COBRAの見解は、日本において福島原発にとても近い地域以外に深刻な放射能汚染はなく、あってもそれは福島原発に由来しない、というものです。

2012年、レジスタンス・ムーブメントはイルミナティが隠し持っていたゴールド(金)の大半を奪取しました。このゴールドは地球の解放後に人類に返還され、人類全体の豊かさを確保するための新たな金融システムに使われます。

銀河連合は、太陽系内から、キメラの保護下にある秘密宇宙計画以外の全ての秘密宇宙計画の植民地を解放しました。この植民地では、騙(だま)されて宇宙に連れて行かれた人々が奴隷労働をさせられ虐待を受けていましたが、解放後はヒーリングを受けました。植民地だった施設は、地球解放後にはポジティブな用途に使われるようになり、人類が楽しめる場所として再利用される予定です。

2012年5月、アルコンのリーダーがローマで逮捕されました。その存在は短い間、光の勢力に協力をしましたが、自分がこれまでにしてきた過ちに気づき、自ら志願して銀河のセントラルサンに行き、魂は分解され、消滅しました。

レジスタンス・ムーブメントはロスチャイルドの金融システムにコンピュータウィルスを仕掛けて、いつでも金融リセットを起こせる状態にしました。

2014年、過激派組織「イスラム国」（もしくはダーイッシュ）がシリアやイラクで勢力を拡大していました。この集団の実体は、アメリカとサウジアラビアの共同部隊です。シリアやイラクにある女神のエネルギーのボルテックスを抑圧するために、殺戮行為を繰り返しました。

2016年の春、光の勢力の躍進により、地球の支配権を失っていくことに気づき始めたイルミナティのメンバーは、光の勢力によって、宇宙に脱出するためのテレポート装置を塞がれ、脱出用ロケットも使えなくなったため、南極のシェルターに逃げ込む計画を立てました。COBRAは南極にチンターマニストーンを設置してくれる人を募り、日本人女性とアメリカ人が南極を訪れ、チンターマニストーンが設置されました。チンターマニストーンの浄化効果により、光の勢力が南極で活動できるようになり、闇の勢力は南極のシェルターに逃げ込めなくなりました。

2016年9月、イーロン・マスクのスペースX社が打ち上げたファルコン9がキメラのスカラー兵器によって破壊されました。地球の隔離状態を終わらせることに繋がる可能性があったからです。この時期から、地上のライトワーカーたちに対するスカラー兵器による攻撃が増えました。

２０１６年10月、太陽系内でキメラと銀河連合の戦いが始まりました。キメラの攻撃により、銀河連合は太陽系内での支配領域を失い、プレアデス艦隊は一時的に完全撤退することになりましたが、すぐに支配領域を奪い返しました。

地上ではロシアとアメリカの間で緊張状態が高まり、プーチンはプレアデス人から世界戦争を回避するための外交戦略のアドバイスを受け取りました。

２０１７年2月、光の勢力が呼びかけた、コンゴ民主共和国や地球全体のネガティブなエネルギーを浄化するための瞑想に、世界中の15万人以上が参加しました。参加人数が臨界数（14万４０００人）を突破したため、瞑想は大成功しました。地球と月の周辺を除いて、太陽系からネガティブなプラズマが一掃されました。

２０１７年3月、闇の勢力が地上のライトワーカーを直接攻撃し始めたので、光の勢力の反撃が始まりました。闇の勢力の多くのメンバーがレジスタンス・ムーブメントの地下基地に連行され、取り調べを受けた後、記憶を消された状態で地上に戻されました。デイビッド・ロックフェラーはその時のストレスによって数日後に心臓麻痺を起こして死亡しました。デイビッド・ロックフェラーはロックフェラー派閥のリーダーの、ドラコニアンでした。

２０１７年4月、アルコンはイエズス会を通してトランプ大統領に圧力をかけ、シリアを攻撃しました。

また、闇の勢力は、世界中のライトワーカーや民間人に対してプラズマ・スカラー兵器だけでなく、殺傷能力の高い指向性エネルギー兵器を使い始めました。光の勢力は、これらの攻撃への対処を始めました。

2017年春から夏にかけて、ライトワーカーたちの働きにより、キメラの重要拠点である、ニューヨークのロングアイランドにチンターマニストーンのフラワーオブライフ・グリッドが完成しました。他にも台湾、中国の成都、日本、フランス等で次々に完成し、地上の浄化が進みました。

2018年1月　COBRAのパートナーでありソウルメイトの女性ISISが、指向性エネルギー兵器によって殺害されました。それにより人質防衛のための膠着状態が終わり、光の勢力は地球上空の闇の勢力の最終防衛ラインを突破し、地上や地下に進入し始めました。

1月、光の勢力の地球解放作戦の内容が大きく変更されました。そのことにより、地上での作戦や地上の最新の状況は光の勢力により機密指定され、イベントが起きる時までネット上に情報が出回らないようになりました。

（参考資料：「コブラ地球解放年表」Yuri編）

特に重要な使命を持ってやってきたスターシードが地球に14万4000人いる

プレアデス、シリウス、アルクトゥルスなどからの転生

スターシードとは、2万6000年前にプレアデス、シリウス、アルクトゥルス、アンタレス、アンドロメダ銀河などから、地球を解放するために、地球にやってきた人々のことです。もともとはプレアデス人やシリウス人だった人も、地球人として人間の両親のもとに転生しているため、見た目は地球人と同じです。

スターシードはもともと、高次元で、完全な幸せと調和の世界で暮らしていた天使でした。地球の状況を知り、地球人を助けるために、志願して次元を下降し、この銀河に来ました。そして、地球を解放するための様々な訓練や準備をしてから、アトランティス時代の地球に降りてきました。

この本を読んでいて、あなたの魂が強く反応し、ワクワクするなら、あなたはスターシード

である可能性が高いです。

スターシードには、高次元の天使として完全に平和でポジティブな世界で暮らしていた時の感覚をうっすらと覚えている人がいます。はっきりと覚えている人もいるかもしれません。地球以外の別の世界を知っていて、懐かしく思ったり、地球にうんざりして、故郷の星や高次元に早く帰りたいと願う人もいるでしょう。

スターシードは世界中に１０００万人ほど存在し、その中でも重要な使命を持って地球にやってきたスターシードは14万４０００人います。

しかし、その14万４０００人のうち、現在、自分が何者であるかを思い出して活動を始めた人は20%しかいません。約３万人です。残りの約11万人は、自分がスターシードであることを思い出せなくなり、一般的な地球人として暮らしています。

なぜそのようなことが起きたかというと、地球に初めて来た時に、全てのスターシードはアルコンのプラズマ・インプラントを埋め込まれることに同意しなければならず、転生する度に前世の記憶や魂の世界の記憶を消去されるからです。さらに、アルコンから闇の契約を押し付けられ、スターシードとしての目覚めが起きないように妨害されている人もいます。それでも、

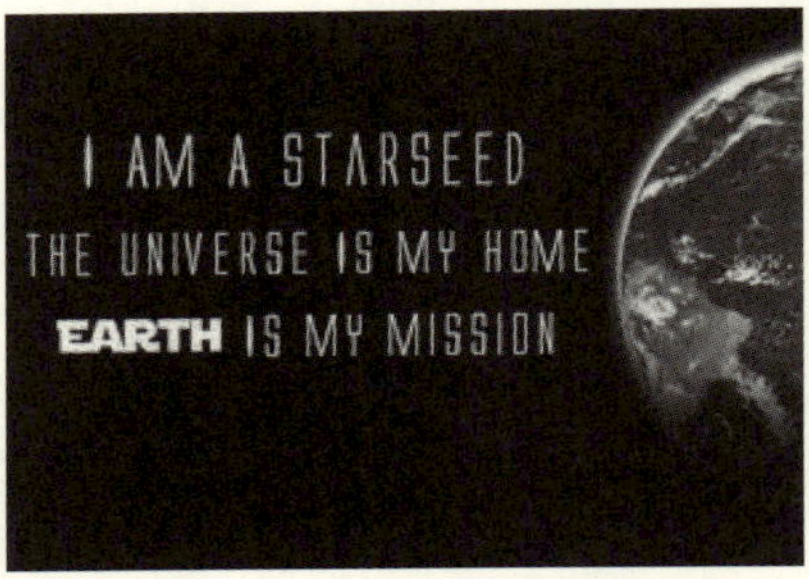

私はスターシード　宇宙が故郷　地球は任務

魂との繋がりが強ければ、自分の使命を思い出すことができます。

現在の地球において、スターシードに求められていることは、自分の魂との繋がりを強化すること、自分の使命や任務を思い出して取り組むこと、真実の情報を広めること、自分の魂の美しさを周囲に広めることです。

スターシードの中で、これまでの人生や過去世での経験の中で深く傷つき、生活環境が良くなかったり、精神が本調子ではない人は、まず、自分を癒すことが先決です。体、感情、精神が癒されることで初めて、周囲に健康的なエネルギーを放つことができます。

地球の人類の大半はスターシードではなく、地球で生まれ育った地球出身の魂です。地球出身の魂は、基本的な元素、鉱物、植物、動物、人間、という順番に進化してきました。天使から人間へと、次元を下降してきたスターシードの魂とは起源が違うため、地球出身の魂は、高次元の世界を経験したことがありません。そのため、スターシードと地球で生まれ育った魂が出会った時、感覚的に分かり合えないことが多いです。スターシードの中には、この社会に馴染めず、親からもほとんど理解されないという人も多いでしょう。

スターシードはスターシード同士で友人になることで、自分の「地球人らしくないところ」を自由に表現しやすくなります。自分がスターシードだと感じる人は、自分のスターシードらしさや、天使らしさに自信を持ち、魂の美しさを周囲に広めてください。

あなたのスターシードとしての任務

スターシードの多くは地球に来る前にたくさんの訓練を積んできました。

今回のこの人生で、大事な活動をするためです。自分がどんな任務や使命を持っているかは、自分の魂と繋がることで自ずと分かってきます。これまでの人生の傾向や、人生で学んできたことが、自分の任務と直結していることが多いです。自分の得意なことや、生きがい、心の底からの喜びを感じられること、とてもワクワクすることが使命である可能性が高いでしょう。

魂の任務は、退屈に感じることや、嫌な感じがするものではありません。魂からの情熱を感じることです。その感覚を追い求めていれば、必ず、「自分はこのために生まれてきた。このために、今、ここに存在する」と、確信できるようになります。

魂と自分の意識が合致する瞬間です。その感覚を体験した後は、他者に自分の存在意義を尋ねたり、自分の感覚に疑いを持つことはなくなります。そして、自分の任務や使命を自覚して、本格的に実行していくことができるようになります。

自分の使命や任務について、具体的に言語化する必要はありません。ただ、自分の魂に導かれている感覚を実行していくだけで、任務を実行していています。

それぞれのスターシードには、異なる個性的な任務があります。過去世で培った才能を活かして、勇気を出して行動に移してください。そして、他のスターシードと出会って協力することで、足し算ではなく掛け算のようにして素晴らしい活動ができるようになります。魂が目覚めれば自然に他の縁のあるスターシードと出会っていきます。

光の勢力は常に、まだ目覚めていないスターシードが目覚められるように高次元から働きかけていますし、目覚めたスターシード同士が出会うように支援してくれています。

タキオン化されたモルダバイトには、スターシードの魂の目覚めを促す効果があります。モルダバイトは緑色のテクタイト（天然ガラス）で、地球に落ちてきたプレアデスの星の欠片です。プレアデスに起源があるスターシードはモルダバイトに触れると特別な気持ちが蘇ることが多いです。

シリウスに起源があるスターシードはチンターマニストーンに魅かれることが多いようです。

プレアデス人から地球のスターシードへのメッセージ

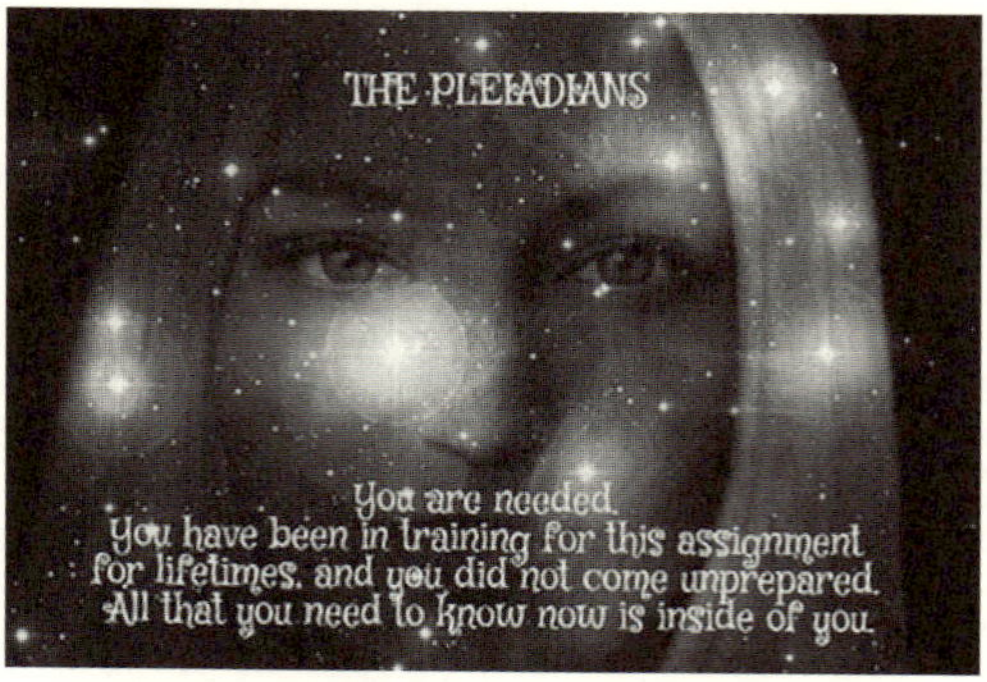

プレアデス人からのメッセージ

「あなたは必要とされています。あなたは人生のこの任務のために訓練を受けてきました。準備せずにここに来たわけではありません。今知る必要のある全てのことは、あなたの内側に存在します」

ライトワーカーと光の戦士（ライトウォーリアー）

スターシードには主に2つのタイプが存在します。

1つめは、**ライトワーカー**です。ライトワーカーは光やヒーリングやスピリチュアル情報に強い関心を持っています。ポジティブで希望を感じることや、美しいものを愛しています。優しく柔らかい雰囲気の人が多いです。陰謀論や闇や現実的な話に関心がない人や、苦手に感じる人が多いです。ライトワーカーは、宇宙のプレアデスやシリウスから地球に来た魂がほとんどです。

2つめは、**光の戦士（ライトウォーリアー）**です。

社会や政治の闇を暴いたり、陰謀論を調べることに強い関心があります。スピリチュアルや精神世界よりも、現実的な話を好みます。勇気があり、闇に立ち向かう強さを持っています。間違ったことを正そうと働きかけます。宇宙のアンタレスやアルクトゥルスに起源を持つ魂がほとんどです。

これはあくまでも極端な例であり、実際にはそれぞれの要素をある程度、合わせ持っている人がほとんどです。自分や他者がライトワーカーか光の戦士かという分類をする必要はありません。ここで大切なのは、**ライトワーカーと光の戦士のどちらの要素も重要**であるということです。

ライトワーカーは光の戦士を少し野蛮な人とみなしたり、光の戦士はライトワーカーを非現実的だとみなして、お互いに下に見る傾向があります。

実際はどちらも重要で、お互いに歩み寄ったり、自分にない要素を学んでいくことでバランスがとれていきます。

地球人の魂の発達段階とイニシエーション

魂の発達段階を表すものとして、「イニシエーション」という概念があります。

肉体の欲望を制御する段階から始まり、感情、精神を制御していき、最終的にアセンションへと到達します。イニシエーションとイニシエーションの間には7つの段階があり、段階的に発達していきます。

第1イニシエーション

肉体の欲望を制御できるようになり、自分の魂と繋がり始める段階です。

スターシードは、自分が宇宙から来たスターシードや天使であることを思い出していく段階です。

自分を、物質的な肉体よりも霊体や感情と同一視するようになり、感情の浄化プロセスが始まります。雑多な感情やイメージの世界に溺(おぼ)れがちで、感情的な人間関係のドラマを繰り返しながら成長していきます。

この段階は、まだ低層アストラル界と繋がっているので、レプティリアンや低級霊に憑依されたり、感情が不安定になることが多いです。

第2イニシエーション

アストラル体の浄化が終了し、感情的な問題を浄化し終えた状態です。

精神や信念体系と自分を同一視するようになり、精神や信念体系の浄化プロセスが始まります。様々な信念体系や間違った情報にとらわれている状態です。論理力と高度な直観力を身につけていきます。

第3イニシエーション

低層メンタル体の浄化が終了し、論理力と直観力が身につき、間違った信念体系を手放し、間違った情報に振り回されることなく、正しい判断ができる状態です。

魂と精神の中間にあるコーザル体と自分を同一視するようになります。

自分の中にある、天使としての意識が安定化します。

魂と繋がるための浄化プロセスが始まります。

第3イニシエーションの後は、急激に自他のエネルギーに敏感になっていくので、自他のエネルギー状態に意識的になる必要があります。

また、低い振動数の人が癒しを求めて引き寄せられてくることが増えてきます。

ネガティブなエネルギーの影響を受けないようにして過ごすことが大切です。

第3イニシエーションと第4イニシエーションの間にある7つの段階のうち、初めの1~6段階ではコーザル体（高層メンタル体）を浄化していきます。

7段階目に到達すると、自分自身をハイアーマインド（高いレベルの精神）として認識します。

7段階目で、高次元から降りてきた時に受け取ったインプラントの影響による、最後の歪んだ認識と向き合うことになります。そこで、自分の自由意志により、絶対的なポジティブさを行使することで、人格（物質体、エーテル体、アストラル体、メンタル体）が完全に浄化されます。そして、第4イニシエーションに到達します。

第4イニシエーション

人格（物質体、エーテル体、アストラル体、メンタル体）の浄化が完了します。
光と愛の純粋な存在になります。アセンションプロセスが始まります。
第4イニシエーションの後に空中浮遊能力が身につきます。

第5イニシエーション

空間、時間、物質を超越して、アセンションを達成する段階です。

通常、第1イニシエーションから第2イニシエーションに進むには何度も転生をする必要があるほど、魂の成長はゆっくりとしたものですが、現在では霊的次元で特殊な技術が導入され、1～2年で急激な成長を遂げることもあります。

その期間は、感情や精神の急激な浄化プロセスにより、ジェットコースターに乗っているような日々を経験するかもしれません。

地球人の魂の発達段階を大まかに分類すると、このようになります。

1段階　生き延びることに一番の関心がある段階

動物から進化した後に人間となった魂の初期段階では、生物として生き延びることが最大の関心事です。

安定や平均的な生き方を好みます。

権力者や強い者に対して従順です。

まだ動物的な欲求や衝動をコントロールできない段階の人は、衝動的に罪を犯すことがあります。

2段階　物質社会で成功することに一番の関心がある段階

豪華な暮らし、財産、地位、名声、学歴、肉体的な美しさやかっこよさ、多くの人との恋愛など、物質界での成功に強い関心があります。

芸能人、政治家、経営者を目指す人が多いです。

テレビに出ている人の多くが、この段階です。

現世利益のためにスピリチュアルやパワースポットや占いや風水に関心のある人も多いです。

3段階　精神の充足に一番の関心がある段階

物質よりも、学問、文化、文学、映画、芸術、音楽、家庭や夫婦関係などで精神を充足させることに一番の関心がある段階です。

学者、研究者、芸術家、思想家、小説家、文化人、インテリ、充実した家庭生活を目指す人が多いです。

4段階　本質的なことや魂の探求に一番の関心がある段階

雑多な知識や表層的なことよりも、魂や宇宙の本質を探求することに関心がある段階です。

自由人、仙人、隠居暮らし、自給自足の生活、瞑想、悟り、霊的な修行、精神世界、オカルト、地球や宇宙の真実、アセンションに関心がある人が多いです。

3段階が知識や情報を多く蓄え、権威や賞を重要視する人が多い一方、4段階はシンプルな生活やシンプルな考え方を好み、世間からの評価は気にせず、精神的な身軽さを追求していきます。


1つの段階の中でも、その成長段階をスタートしたばかりの人もいれば、次の成長段階に近い人もいます。

家族や友人と、感覚や気持ちがほとんど分かり合えないと感じる場合、魂の発達段階が大きく違うことが原因であることがほとんどです。

同じ発達段階では共感し合うことは容易です。

隣り合った発達段階では、ある程度は共感し合うことができますが、根本的に目指していることが違うため、深いレベルでの共感は起きません。

2つ以上離れた発達段階ではほぼ全く共感し合えず、お互いに関心を持てません。そのため、発達段階の違いに気をつけることで、人間関係のトラブルや誤解を避けることができます。

通常は、同じ発達段階の人たちと交流することが最も楽しく感じられ、お互いに良い影響を与え合うことができます。

家族や友人など、他者の成長段階に干渉することはできません。成長や目覚めは本人の自由意志次第です。

闇の契約により魂の成長が阻害されていることが多いので、後ほど紹介する、闇の契約解除をすると良いです。

魂の成長を願う人は、銀河連合やアセンデッドマスター、天使に呼びかけることで、成長や浄化プロセスを支援してもらうことができます。

光の勢力の内部倫理を体系化した銀河法典

銀河の光の勢力の倫理観を明文化したものがあり、「銀河法典」と呼ばれています。

これは銀河の全ての存在が自由に心地よく生きられるようにするための行動規範であり、現実的な銀河の法律です。

銀河連合はこの銀河法典を基礎にして活動しています。

ここでは簡単に説明します。

・全ての存在は、無条件にポジティブに生きられる権利を持っている。
・全ての存在は、物質的にも精神的にも無条件に豊かになる権利を持っている。
・全ての存在は、アセンション（次元上昇）する権利を持っている。
・全ての存在は、ソウルメイトやツインソウルと出会って統合していく権利を持っている。
・全ての存在は、全ての情報を知る権利を持っている。
・全ての存在は、自由に生きる権利を持っている。
・全ての存在は、ネガティブな行為から保護される権利を持っている。
・銀河法典を拒否し、ネガティブな行為をし続ける存在はセントラルサンに連行されて魂レベルで分解され、原始的な物質から進化の過程をスタートし始めることになる。
・銀河連合は、銀河法典が無視されている惑星や地域の現地の法律に関係なく無条件で介入できる権利を持っている。
・全ての存在は、銀河連合に救助を求める権利を持っている。銀河連合は救助を求める人を救助する権利を持っている。

・銀河連合は銀河法典が侵害されている地域を、必要性があれば軍事的に制圧する権利を持っている。

銀河連合が地球人を直接的に助けに来ないのは、闇の勢力が強力な爆弾（トップレット爆弾。地球全体を吹き飛ばす威力がある）をたくさん地球に仕掛けていて、光の勢力があからさまな行動に出ると爆発する仕組みになっているからです。

そのため、慎重に活動せざるを得ないのです。光の勢力はこの爆弾を除去しているところです。

スピリチュアル系の世界では、宇宙人は地球に干渉してはいけないから、宇宙から見守ることしかできないという話を信じている人も多いのですが、これは全くの間違いです。

銀河連合は地球を完全に解放するために常に活動しています。

命がけの惑星解放の活動で目覚めたライトワーカーが直面すること

指向性エネルギー兵器とプラズマ・スカラー兵器

闇の勢力は、地球の解放を支援する地上の人々（ライトワーカー、光の戦士）を物理的にも、霊的にも攻撃しています。

ライトワーカーの中には死傷者もいます。それほど真剣な現実の活動です。

現在の地球は、本当の宇宙戦争の真っただ中にあります。ＣＯＢＲＡのソウルメイトの女性ＩＳＩＳ（アイシス）は２０１８年1月に、指向性エネルギー兵器により殺害されました。

指向性エネルギー兵器は、壁の向こうから音もなく攻撃できる殺人兵器であり、エレクトロレーザーを使用します。世界中のホリスティック医療の医師が主な標的となってきました。心不全を引き起こし、殺された証拠が残らないのが特徴です。

アプライド・エナジティックス（旧称イオナトロン）という会社がこの兵器を作っています。市民への攻撃は、ジュネーブ４条約を侵害しているので、戦争犯罪となります。加害者たちは地球の解放後に、民事および軍事の国際法によって訴追されることになります。

このような武器が存在することは、ほとんど知られてきませんでしたが、２０１８年にはロシアのＲＴやアメリカのポピュラーメカニクスといった主流メディアでも指向性エネルギー兵器の存在を報道するようになりました。

他にも闇の勢力は、プラズマ・スカラー兵器とネガティブな霊的存在(レプティリアン等)による攻撃や憑依を組み合わせて、重要な活動をする人々を攻撃しています。

プラズマ・スカラー兵器は電磁波とは関係ありません。遠方の軍事基地から攻撃できる兵器です。精神状態を悪化させるだけでなく、強烈な頭痛、頭の発熱、眩暈(めまい)、吐き気、心臓発作などを瞬時に引き起こすこともできます。

これまでに、私も含めて、日本や世界中の多くのライトワーカーが被害を受けてきました。昏睡状態になって手術室に運ばれた人もいます。

スカラー兵器を受けた人たちは皆、死の危険を感じるほどの物理的な強い痛みや苦しみを感じたと言います。私もそうでした。

多くの人が、最初はスカラー兵器の存在については半信半疑でした。けれども、実際にライトワーカーとして活動し始めた時に攻撃を受けて、本当にそういう攻撃があることに驚いた、という人が多かったです。

アメリカから日本に遊びに来た20代のアメリカ人のライトワーカーと会ったことがありますが、アメリカでチンターマニストーンを埋設する活動をしていると、いつもスカラー兵器による頭痛がしてとても苦しかったそうです。

闇の勢力とその手下が多いアメリカでは、チンターマニストーンを埋めるための重要な活動を始めようとしていたライトワーカーが、体に化学薬品をかけられて重傷を負って、活動できなくなったこともありました。

日本では今のところ、そういった人間による直接的な攻撃は報告されていません。それほど惑星解放の活動というのは命がけです。

光の勢力はこれらの危険な兵器を全速力で撤去してくれています。

アルコンとレプティリアンによる霊的な攻撃とその対策方法

物質次元にいるアルコンは主にイタリアの黒い貴族として転生していますが、アルコンは霊的次元にも存在します。

霊的なアルコンは、ベールの機能により、人類の行動や心の弱点を把握することができます。ライトワーカーが活動するのを検知すると、手下である霊的次元のレプティリアンやネガティブな霊的存在を送り込み、ライトワーカーのハートを攻撃してきます。その結果、急に気分が落ち込んだり、わけもなくイライラしたり、体に寒気がして震えたり、恐怖心によって極端な行動に出たりすることがあります。

アルコンは、ライトワーカー本人だけでなく、ライトワーカーの家族や知人に憑依して、ライトワーカーを攻撃するように仕向けさせることもあります。特に理由もなく、家族や知人、または見知らぬ人が、突然、自分に対して感情的な攻撃や批難を始めた場合、アルコンやレプティリアンがそうさせている可能性が高いです。その結果、ライトワーカーはトラブル対処に時間と気力を割かれたり、自信喪失をして、活動しにくくなります。

感情や精神に大きなトラウマや問題があると、レプティリアンやアルコンに憑依されて操られることがあります。レプティリアンに憑依されている人の特徴は、エネルギーフィールドに歪みがあり、暗い雰囲気、冷たさ、いやらしさ、じっとりとした不気味さが感じられることです。セクハラや性犯罪を繰り返す人や良心が欠如しているサイコパスは、魂がドラコニアンかレプティリアンである可能性が高いです。精神が健康な人は、アルコンやレプティリアンに憑依されることはありません。その代わり、目覚めたライトワーカーほど、アルコンやレプティリアンに影響を受けている人々に攻撃されやすくなります。目覚めたライトワーカーの存在は、闇の勢力にとって脅威だからです。後ほど紹介する闇の契約解除とディマニフェステーションの布告を強い気持ちで定期的に唱えることで、自分に対する物理的・霊的な攻撃を停止させることができます。

世界中の人々による犯罪、虐待、戦争や紛争、精神の不調、感情的な争いは、アルコンが遠い昔から人類に施してきたマインドコントロールのプログラミングと、アルコンやレプティリアンからの霊的な憑依、そして物理的なスカラー兵器による感情の操作によって人工的に作られています。自然に人々が争っているのではなく、霊的な次元や見えないところからの操作によって、争いやトラブルが起きています。ネガティブな霊的存在の目的は、人々を争わせ、人間不信にさせ、恐怖や憎しみのエネルギーを蔓延させることです。アルコンやレプティリアンは、そのネガティブなエネルギーを食料にしているのです。

人から挑発や攻撃を仕掛けられた時は、まず、アルコンやレプティリアン等の霊的存在がその状況を作り出していることと、こちらが反応して怒り出すことで争いを激化させようとしていることに気づく必要があります。

物理次元だけを見るのではなく、霊的次元のことも考慮することで、状況の全体像が見えてきます。

地球解放の活動は、宇宙的で霊的な多次元の戦争です。

アルコンの影響力やスカラー兵器は、電磁波の飛び交う都市部ほど影響力が強くなります。

自然のあるところ、特に海や湖や川などの「水」があるところで、攻撃は弱まります。

そのため、水のある自然豊かな場所に定期的に訪れることで、心身を回復させることができます。

風呂や温泉に入るのも良いでしょう。

水はネガティブなエネルギーを吸い取ってくれるので、外出して家に帰ってきたら足を洗ったり、パソコンやスマホを使った後に手や顔を洗うとスッキリします。

塩にも邪気を払う効果があるので、頭や体に粗塩をもみこんで洗い流すのも良い効果があります。

塩素やフッ素の入っていない綺麗な水をたくさん飲むことも、体内の毒素やネガティブエネルギーを排出する上で非常に大切です。

この本では他にも様々な保護（プロテクション）テクニックを紹介しています。

セントラルサンからの水色の光の柱、女神からのピンク色の光の柱、銀河連合からの白い光の柱を自分に降ろすこと、卵型のミラーシールドを作ること、紫の炎で浄化すること、光の勢力（銀河連合、アセンデッドマスター、天使）に依頼して保護や浄化をしてもらうこと、食生活を改善して低い振動数の世界から抜け出すことなど、様々な方法があります。

それらをいくつも組み合わせることで、相乗効果により強く守られます。

第3章

光の勢力から
伝えられた
自分を守るための
プロテクション（保護）
テクニック

女神の愛のエネルギーにはレプティリアン、ドラコニアン、アルコンのエネルギーを打ち消す効果がある

サン・ジェルマンの紫の炎と大天使メタトロンの白い炎

光の勢力が使う、ネガティブなエネルギーや霊の浄化方法を紹介します。

紫の炎は、アセンデッドマスターのサン・ジェルマンと大天使ザドキエルが司る、浄化の炎です。古いエネルギーを浄化して、清らかなエネルギーへと転換する効果があります。

使い方はとても簡単です。サン・ジェルマンか大天使ザドキエルに呼びかけて、紫色の炎が自分や浄化したい人や物や空間を燃やしているイメージをするだけです。

自分や知人がネガティブなエネルギーの影響を受けていると感じた時、人ごみでエネルギーが淀んでいる時、土地のエネルギーが良くないと感じた時、ネガティブな霊的存在が近くにいると感じる時、部屋や水晶や食品を浄化したい時、自分のチャクラを浄化したい時。

あらゆる状況で自由にサン・ジェルマンを呼び出して、紫の炎で浄化してもらってください。

炎だけでなく、紫の水のシャワーや雨で洗い流すことをイメージする方法もあります。また、実際に水をよく飲んだり、お風呂や海に浸かることも、ネガティブなエネルギーを洗い流す良い方法です。

もう1つは大天使メタトロンのAN（アン）の白い炎です。ANはワンネス（一元性）の宇宙、ワンネスの存在のことです。大天使メタトロンが、オリオン座の星のアルニラムで、宇宙を光と闇の二元性から光の一元性の世界に転換する作業を監督しています。

浄化したい人や物や空間がある時に、大天使メタトロンに呼びかけて、白い炎で燃やすイメージをします。

紫の炎も、白い炎も、あらゆる状況ですぐに使えるので、気軽に使ってください。1回の炎で浄化できない場合、何度も使うことで浄化できるようになります。

プロテクションワーク その④

ミラーシールドから自分を保護する瞑想

ドラゴングループから伝えられた、自分を守るための保護技術を紹介します。

毎日1回以上することで、ネガティブなエネルギーの影響を受けにくくなります。

1. 頭上30センチあたりにあるソウルスター・チャクラから、輝く白い光の渦が時計回りに回転しながら降りてきて全身を通ります。
その白い光の渦が肉体、プラズマ体、エーテル体（エネルギー体）、アストラル体（感情体）、メンタル体（精神体）を浄化していくことをイメージします。

この白い光の渦は宇宙の根源（ソース）と繋がっていて、ソースと自分を繋げてくれます。

白い光の渦が継続的に自分を浄化し続け、自分のエネルギーを調和させ、最良の状態に調整してくれるように命じてください。

2. 半透明の卵の形をした鏡のバリア（防御壁）が自分を囲み、自分の肉体、プラズマ体、エーテル体、アストラル体、メンタル体を保護していることをイメージします。
この鏡のバリアがポジティブなエネルギーだけを通し、ネガティブなエネルギーは全てその発信源に跳ね返し、継続的に自分を保護し続けるように命じてください。

3. 光の聖なる音であるＯＭ（オーム）を唱えて自分のエネルギーフィールドを調和し、ヒーリングします。

以上です。このテクニックは強力な保護効果があることが実証されています。

OMには、様々な唱え方がありますが、COBRAの瞑想の場合は「オーーーーーームー……」というふうに12秒ほどかけて腹から声を出して唱えます。

YouTubeにもOMの音声があるので参考にしてください。

プロテクションワーク その⑤

女神の渦の瞑想

女神の渦は虹色のらせん状のエネルギーです。

これは、エーテル界やアストラル界といった非物質界のアルコンのエネルギーを消滅させる究極の技術であり、全ての闇や異常を光に変える**「アンタリオン転換」**を行う天使的存在です。

性別と関係なく、この瞑想をできるだけ頻繁に実践することで、非物質界の浄化が起き、イベントまでの時間を早めることができます。

自分自身や土地や空間へのヒーリング効果があります。

1. 手を頭上にかかげ、時計回りに回転します（目が回らない速さでかまいません）。

2. 回転しながら、マントラ「イー」を唱えて身体中を振動させてください。そして自分の身体が輝く光の柱へ変化し、その柱の中でたくさんの虹色の星が散らばっている様子を視覚化してください。

3. 数分間、「イー」のマントラを唱えながら回り続けてください。その後、手を下ろし身体に添えて、時計回りに回り続けてください。

4. その間、マントラ「エーアー」を繰り返し唱えながら、身体中を振動させてください。そして自分のハートから地球全体へ広がる虹色の光の渦を視覚化してください。自分のスピリチュアルガイド、アセンデッドマスター、プレアデス人、天使、イルカ、ツインソウル、ソウルメイト、ソウルファミリー、その他の光の存在に呼びかけてください。

5. マントラを唱えながら回転し続け、しばらくの間それらの全ての存在の中で過ごしてください。

女神の渦の瞑想　　沖名子ふみ画

瞑想は、複数の人と集まって行うと、とても強力な効果が得られます。

瞑想中にタキオン化されたピンク色の石や水晶を持つことで、女神のエネルギーを受け取りやすくなります。特にモルガナイトは宇宙の愛のエネルギーをもたらす、素晴らしい石です。

プロテクションワーク その⑥

女神の帰還瞑想

もう1つ重要な女神の瞑想を紹介します。

こちらの瞑想も素晴らしいヒーリングと調和の効果があります。できるだけ頻繁にすると良いでしょう。

1．数分間、自分の呼吸を意識し、心身をリラックスさせます

2．銀河のセントラルサンから発せられたピンク色の光の柱が、自分の体を通って地球の中心に到達することを視覚化します。

この光の柱を数分間、活性化させます。次に、美しい女神の形をした愛に満ちた女性的な存在が降りてきて自分の肉体に入っていくことを視覚化します。

女神の帰還瞑想のイメージ　　しいちゃん画

この存在は内なる女性を調和させ、あなたをより愛情溢れる存在にしてくれます。その存在としばらく一体化してください。

3．この惑星から物質界と非物質界の闇の存在が排除されることにより、戦争や紛争の必要性を超えて私達の社会が進歩し、男性と女性の完全な理解と共に、人類の輝かしい新たなスピリチュアルな未来を視覚化します。人類の全ての傷が癒され、内なる男性性と女性性のバランスが完全に取れて、全ての人類がソースや自分の魂との繋がりにより導きやひらめきを得ることを視覚化してください。

薔薇の姉妹団（シスターフッド・オブ・ザ・ローズ）

遥か昔、銀河の中心で高度に発達したセントラル文明の存在が、銀河中に女神の光の知識をもたらしました。

そのうちの1人である、銀河の女神イオナがアトランティス時代の地球にやってきて、女神の愛と調和のエネルギーを定着させることを目的とした**「薔薇の姉妹団」（シスターフッド・オブ・ザ・ローズ）**を結成しました。

このグループは古代エジプトでは女神アイシスの女性祭司として活動し、バラが女神アイシスの象徴となりました。十字軍の時代には男性のテンプル騎士団と対の存在となり、第二次世界大戦中にはナチスのトップメンバーに働きかけ、大勢の命を救いました。

モーツァルトはアイシスの司祭で、音楽作品、特にオペラ「魔笛」を通して、女神アイシスの秘儀を伝えようとしました。女神アイシスはもともと、「アスタラ」という名前で呼ばれていて、シリウス恒星系から来ました。アトランティス時代、銀河の女神イオナは自分の生徒であるアイシス（アスタラ）に、今回の2万6000年の周期の間、地球に女神のエネルギーを定着させる使命を与えました。

女神のエネルギーは非常に強力で、このエネルギーを放つことができる女性が一人でもいれば、戦争を終わらせることができます。女神のエネルギーは女性の純粋なエネルギーであり、純粋な愛と、感受性、優しさです。地球解放の活動において重要なエネルギーです。

アルコンは愛と調和、受容、共感、喜びといった女神のエネルギーにアレルギー反応を起こすため、歴史的に人類の女性を抑圧してきました。女性は女神のエネルギーを伝達することができるからです。

抑圧されてきた女性たちを解放することが、地球の解放においても重要になります。

現在、地球の変革を平和的に乗り越えるため、女神のエネルギーを地上に定着させることが求められています。

関心のある方は女神の瞑想を行うことで薔薇の姉妹団や女神とエネルギー的に繋がることが

女神イシュタル

できます。女神の瞑想は性別や年齢は関係なく、女神と繋がりたい人は誰でも行うことができます。

薔薇の姉妹団の瞑想は地球のチンターマニストーンのエネルギーグリッドを補完して、圧縮突破のエネルギーを送ります。

女神の帰還瞑想と、女神の渦の瞑想と、ハートと性を統合させる瞑想をするグループは女神のエネルギーの強力な導管となり、地球の光のネットワーク構築に多大な支援となります。

イシュタル、アイシス、ヌト、マアト、ハトホル、天照大神、弁才天、斗母元君（とぼげんくん）（道教の女神）、カーリー、ラクシュミー、アテナ、アプロディーテー、デーメーテール、アルテミス、ヘーラー、ペルセポネー、イエマンジャ（海の女神）、ペレ（火山の女神）、聖母マリア、マグダラのマリア、ソフィア（地球女神）、イオナ（銀河の女神）等が有名な女神です。

プレアデス人のヤムヤーゼは女神の祭司です。

これらの女神や祭司に祈りを捧げることで、彼女たちと繋がることが可能です。

全国のシスターフッドオブザローズの連絡先はこちら

https://www.sisterhoodoftherose.network/groups

斗母元君（道教の女神）

プロテクションワーク その⑦
女神と繋がるための祈り

森羅万象を司る壮大なる女神よ、我々はあなたの果てしない創造による神秘で満たされ、あなたの荘厳なる神聖な力によって謙虚であれます。

私たちはあなたの前で頭を垂れ、愛の息吹に感謝し、心から敬意を表します。

最愛なる女神よ、我々はあなたに自分自身を捧げます。

我々を通してあなたは生き、また、あなたを通して我々も生きています。

地球の美しさを保ち、ここにあなたが残してくれたあらゆる生命を守れるよう我々を助けてください。

女神の言葉を聴きなさい。

女神の足の土は天体であり、女神の体は宇宙を包み込む。

私は美しき緑の地球であり、星々の中に浮かぶ白い月であり、水の神秘そのものです。

私はあなた方の魂を呼び起こし、私のもとへ来るように呼びかけます。

私は森羅万象に生命を与える自然の精霊です。

私から全ての物が生じ、私のもとへ全ての物が帰ってくるのです。

喜びを持って心から祈りましょう。

愛と喜びの全ての活動が私の儀式であり、全ての存在への愛が私の法則、意志のもとの愛なのです。

あなた方が私を知りたいのでしたら、あなた自身の内で見つけなければなりません。

あなたの外には決して見つかりません。

なぜなら私は最初からずっとあなたと共にいるのですから。

そして、全ての欲望の果てに私がいるのです。


月は女神のエネルギーを地表に向けて転送するポータルなので、女神や女性性と繋がりたい人は、瞑想により月のエネルギーと繋がることができます。

ピンク色の光の卵で自分や愛する人々や地球の生き物を囲むイメージをすることで、ネガティブな霊の攻撃や憑依から自分たちを保護する効果があります。

女神の愛のエネルギーにはレプティリアンやドラコニアン、アルコンのエネルギーを打ち消す効果があります。

月の女神

シリアとイラクの「女神の渦」の密集地点がなぜ地球上で最も重要なのか

シリアにある女神の渦と過激派組織

昔から中東では戦争や紛争が起きたり、テロ組織が蔓延していますが、その原因は、中東地域には地球上で最も重要な女神のエネルギーの渦のポイントがいくつもあるからです。

その支配権をめぐって光の勢力と闇の勢力の代理戦争が行われているのです。

近年、シリアやイラクでは「イスラム国」または「ダーイッシュ」という過激派組織が出現しましたが、イラクやシリアにある女神の渦を占領して、地球上にネガテ

女神の渦のあるメソポタミア地域

イブなエネルギーを広めるというアルコンとイエズス会の計画によるものでした。

イラクの女神の渦はニネヴェにあり、**ハッスーナ・サマッラ・ボルテックス**と呼ばれています。

シリアでは、**アレッポ、ホムス、パルミラ、ラッカ、マンビジ**という5つの地域が女神の渦です。

シリアの女神の渦の5点を結ぶとペンタグラム（五芒星＝星マーク）ができます。

五芒星は女神のシンボルです。

これらの地域で過激派組織による侵攻が始まったのは決して、偶然ではありません。

「イスラム国」が当初、「ＩＳＩＳ」という名前で呼ばれていたのは、女神アイシス（ＩＳＩＳ）と同じ名前を過激派組織に付けることで、女神アイシスに対して人々がネガティブなイメージを持つように仕向けるためです。

これもアルコンの策略でした。

光の勢力の働きかけにより、しばらくして

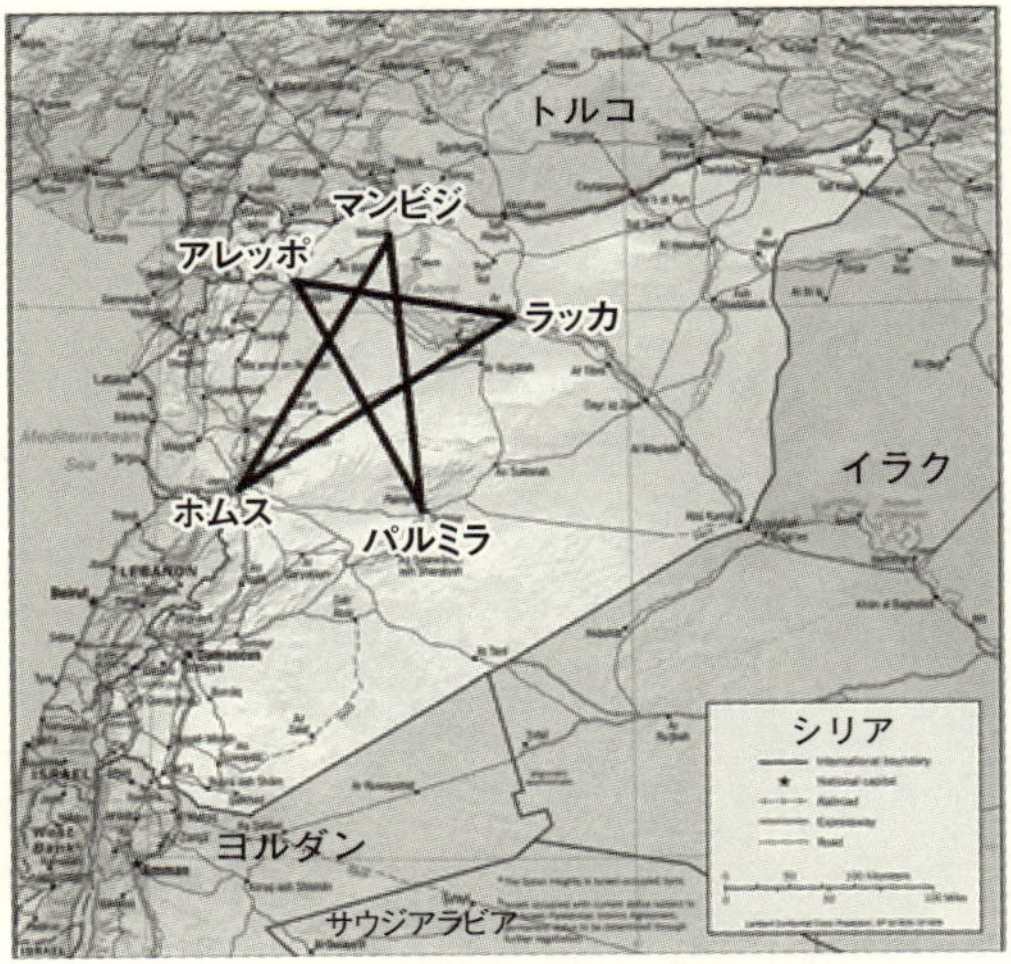

シリアの女神の渦を結ぶとできる五芒星

女神アイシス

ハラフ文化の陶器

「ダーイッシュ」や「イスラム国」という名前で報道されるようになりました。

現在でも、シリアでは戦いが続いています。

地球が解放されるためには、この地域の女神のパワースポットが完全に解放される必要があります。

約7000年前のシリアのあたりで作られた古代ハラフ文化の陶器には神聖幾何学のコードが埋め込まれているため、この陶器が時計回りに回転していることをイメージすることで女神の存在を活性化し、闇を打ち払う効果があります。

ハラフ文化の陶器がシリア上空で時計回りに回転することを視覚化することで女神のエネルギーを活性化させ、シリアを解放するために活動している光の勢力を支援することができます。

エネルギーボルテックス（パワースポット）やレイラインの支配権をめぐる戦い

シリアやイラクに限らず、世界各地で起きるテロや紛争は、実はエネルギーボルテックス（パワースポット）やレイラインの支配権をめぐる戦いです。

シリアのダマスカス、イギリスのストーンヘンジ、マラソン中に爆破事件が起きたとされるアメリカのボストン、銃乱射が起きたとされるサンディフック、9・11のワールドトレードセンタービル、メキシコのテオティワカン遺跡、これらの地点は1本の線上に並んでいます（ボストンもサンディフックも9・11も、闇の勢力の偽旗作戦、つまり自作自演です）。

この線が、**レイライン**と呼ばれるものです。レイラインとは、地球を一周するエネルギーの通り道です。このレイラインだけでなく、他のレイラインも存在します。

レイライン上でネガティブな事件が起きると、そのエネルギーは地球上を巡って影響を与えます。そのため、闇の勢力は場所を選んで、金融センターや宗教施設を建てたり、テロや紛争を起こしています。

光の勢力も同じように、ポジティブな目的のために重要な地点を選んで、その地点に神殿や施設を作ってきました。パワースポットやレイラインは、地球の命運を握る重要な場所です。恋愛運が上がるとか運気が上昇するというのはもちろんそうなのですが、それ以上のものです。

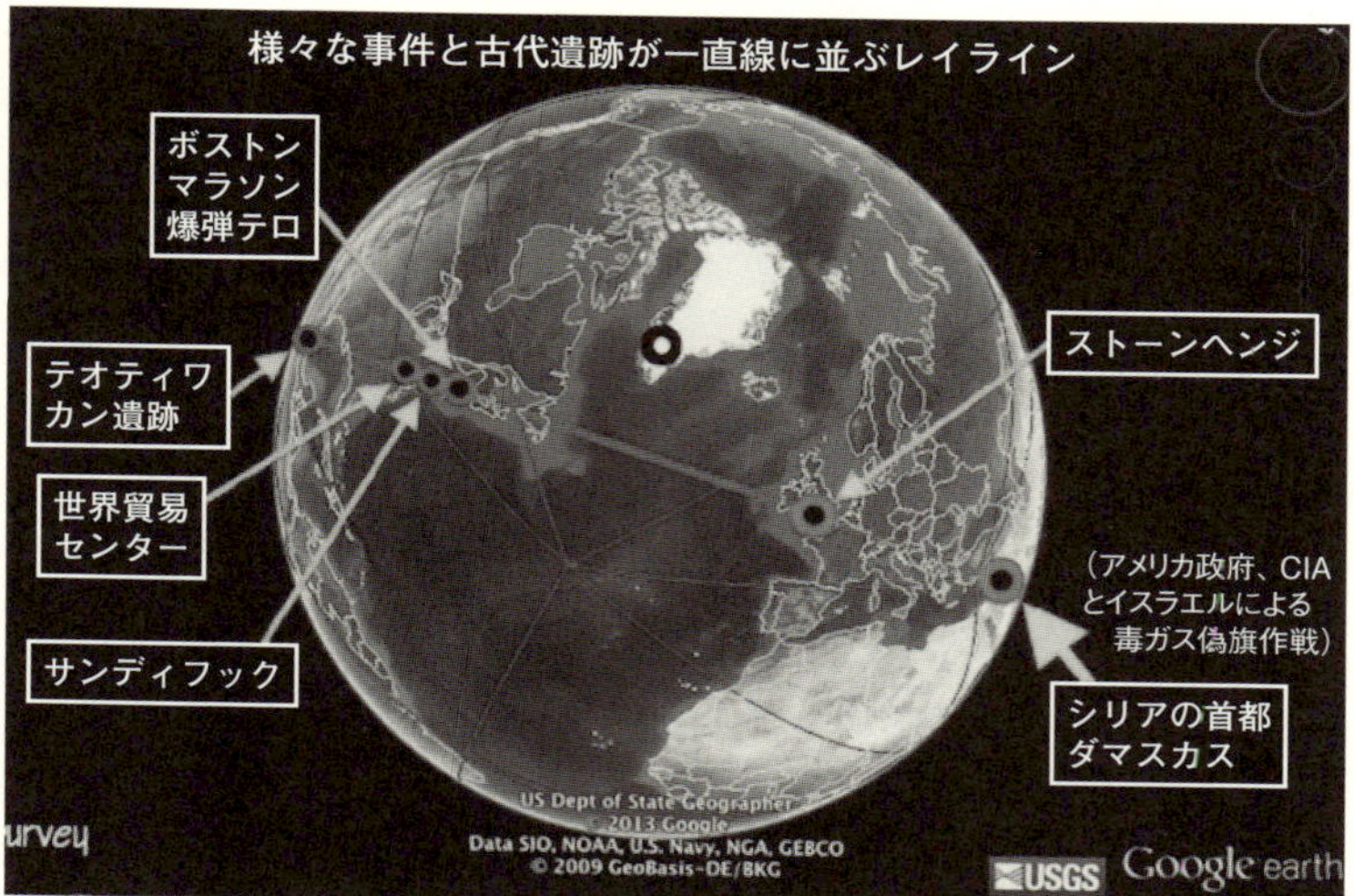

そして、地球上で最も重要な地域が、シリアとイラクの女神の渦です。その地域にあるハッスーナ・サマッラ・ボルテックスは、人類のソウルメイトやソウルファミリーとの出会いを生み出すポータルです。アルコンはこの地域と、この地域と繋がるレイライン上で自作自演のテロや事件を引き起こし、恐怖のエネルギーによりポータルを抑圧し、人々がソウルメイトやソウルファミリーと出会いにくくなるように操作をしてきました。ソウルファミリーやソウルメイトと出会って友情や愛情を深めると、強力な光のエネルギーが発生し、アルコンにとって都合が悪いからです。アルコンが古代からこの地域を抑圧してきたのは、これが理由です。現在、世界各地の薔薇の姉妹団の女神の瞑想により、世界各地で強力な女神のエネルギーが生み出され、ソウルファミリーやソウルメイトが出会えるようになるためのエネルギーグリッドが作られています。

２０１８年4月、光の勢力が中東のポータルを回復させるための作戦を開始した時には、アルコンが気づいて、イタリアの黒い貴族→イエズス会→マルタ騎士団→トランプ大統領というふうに指令が下され、数日後にアメリカはシリアをミサイル攻撃しました。

五芒星や６６６は実は女神のポジティブなシンボル

アルコンは五芒星や６６６といったもともとは女神を表すポジティブな象徴を、黒魔術や悪

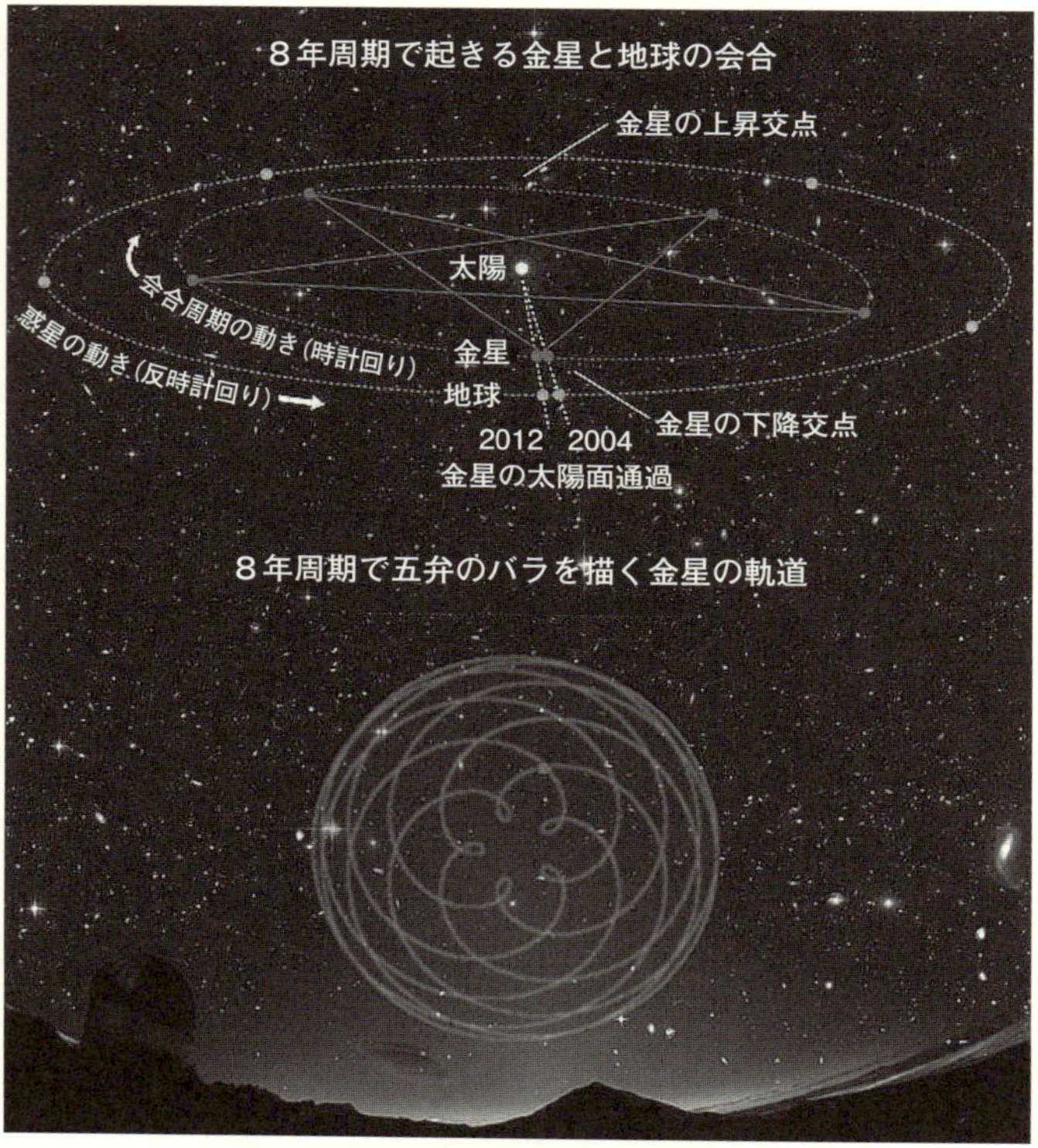
8年周期で起きる金星と地球の会合
金星の上昇交点
太陽
会合周期の動き(時計回り)
惑星の動き(反時計回り)
金星
地球
金星の下降交点
2012
2004
金星の太陽面通過
8年周期で五弁のバラを描く金星の軌道

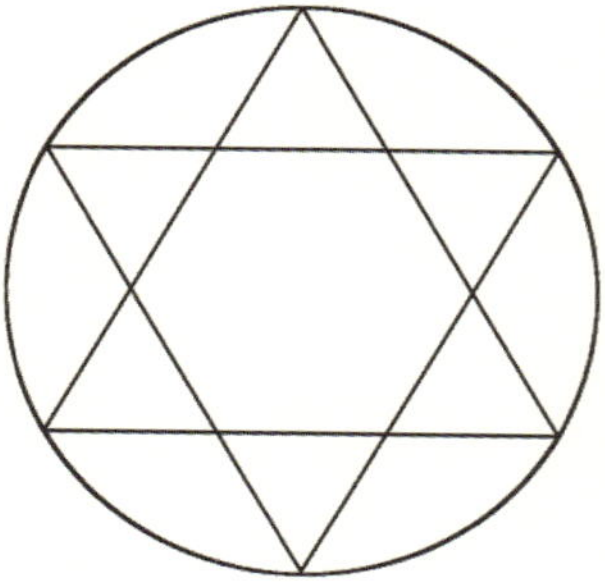

六芒星

五芒星

魔と関連付けることで、人々から女神のエネルギーを遠ざけるという操作をしてきました。

本来、これらは全て、女神のシンボルです。

金星（ヴィーナス＝女神）は8年毎に5回、地球の公転を追い抜かします。その5点を結ぶと五芒星とバラの花を描くため、五芒星やバラは女神の象徴です。

六芒星も男性性と女性性の統合を表している自然界や宇宙の普遍的な幾何学模様、つまり神聖幾何学と呼ばれているものです。

五芒星も三角形もピラミッドも立方体も神聖幾何学です。

こういった自然世界を構成している普遍的な美しい図形にネガティブな意味はありません。

一つ目のピラミッドは光の勢力のシンボル

フリーメーソンやイルミナティが頻繁に使用する「一つ目のピラミッド」の絵は、もともと「ホルスの目」であり、人間の脳の中にある松果体、視床、脳梁（のうりょう）等の断面を図式化したものです。これらの器官は、高次元と肉体を繋げるポータル（次元間を

1ドル紙幣に描かれた一つ目のピラミッド

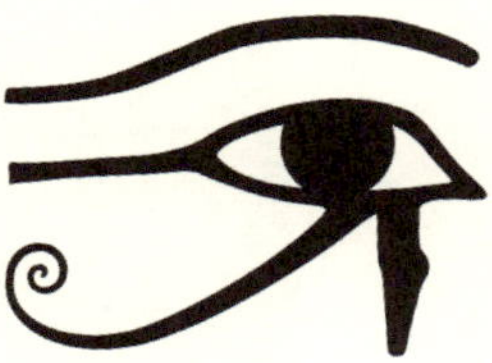

ホルスの目

繋ぐ出入り口)であり、神聖な部位です。

闇の勢力は、古代の秘教学校の知識の断片だけを知っていて、それを曲解し、これらの「一つ目」のシンボルを崇拝して使っています。

しかし実際は、高次元や光の勢力と繋がるポータルです。闇の勢力はそのことを理解せずに、使っているだけです。

世間では、秘教やオカルトのシンボルを全て闇のシンボルだとする風潮がありますが、これは間違いです。卍はもともと精神の発達を表すシンボルで、OM(オーム)はインドやチベットの聖者や修行僧が唱える神聖な音です。現在でも光の勢力は、ピラミッドと一つ目の組み合わせを、光や高次元と繋がるためのデザインとして使っています。

フランスのルーブル美術館の前にあるピラミッドも、光の勢力がポジティブな目的に利用しています。

秘密結社として有名なフリーメイソンは、もともと、光の勢力によってポジティブなグループとして作られ、18世紀のパリではサン・ジェルマンが光の活動のためにフリーメイソンのロッヂを利用していましたが、19世紀になってから、フリーメイソンの上層部(32階級と33階級)がイエズス会に乗っ取られてしまいました。

現在でも大半のフリーメイソン会員は善良な人々です。

プロテクションワーク その⑧

女神のハート／女神の神殿を開く瞑想

心の鎧を脱いで
今ここに集中します。
自分の思考を静かに眺めながら
意識はずっと呼吸に向けます。
自分のハートの中にある女神の神殿を、さあ開きましょう。
自分なりの方法で、意識をくつろいだ状態にしてください。
空から愛の光が降りてくるのを視覚化します。
ピンクで黄金色の光の筋が、あなたの高次元のエネルギー体と
7つのチャクラを通っていきます。
この美しい魅力的な光の柱は
あなたの体を通って地球の中心へ流れていきます。
そして、地球の中心から優しく上昇して
あなたの体を通って銀河のセントラルサンへ戻っていきます。

いまあなたは、光の柱に包まれています。
あなたの愛と喜びを解き放ちましょう。
女神アイシスを呼び出します。
女神斗母元君を呼び出します。
聖母マリアを呼び出します。
マグダラのマリアを呼び出します。
大天使ミカエルを呼び出します。
女神ラクシュミーを呼び出します。
銀河の女神イオナを呼び出します。
自分の中にある神聖な女性と繋がりましょう。
白黒つける思考を手放し、すっかり信頼して
あなたの女神の神殿を開きます。
愛、命の喜びの鼓動を感じます。
そしてこの神聖な場所で愛され守られる優しさを感じます。
周りのリズムを感じましょう。
となりの人たちを感じましょう。
みんなの心臓の鼓動を感じましょう、私たちは共鳴して

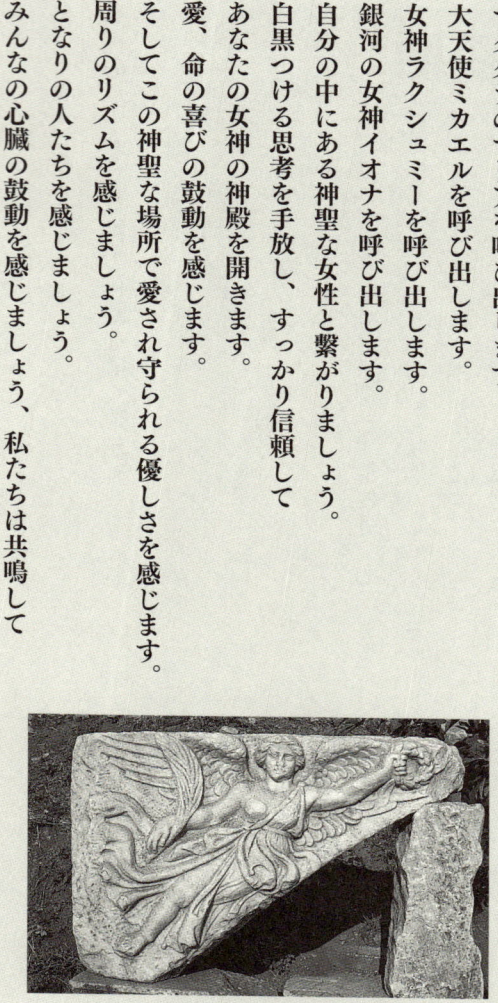

銀河の女神イオナ

一つになっています。
今ここは安全です。あなたは愛に包まれています。
目を閉じて、でも五感は開いておいてください。
忘れないでください、神聖なこの場所からあなたが生まれました。
忘れないでください、あなたはいつでも祝福され愛されています。
私たちは光の存在だ、と確認するために
聖なる音であるオームを3回唱えます。
OM
OM
OM
全ての女神と天使が私たちのそばにいます。
ゆっくりと目を開けて体を動かしましょう。
おかえりなさい、私たちの心はすっかり新しくなりました。

渦と反転の技術：アンタリオン転換

アンタリオン転換は宇宙全ての光と闇の統合、一元性宇宙を作ります

アンタリオン転換は、この宇宙から全ての光と闇を統合して一元性の宇宙へと変える、「渦と反転」の技術です。

最高次元に存在するソースからの至高の一元性（ワンネス）の光のエネルギーを、最も低い次元であるこの物質次元に降ろし、異常と闇を癒し、二元性から一元性（ワンネス）へと、ソースとの繋がりを回復させる働きがあります。

オリオン座の三つ星の中央に位置するアルニラム（ＡＬＮＩＬＡＭ）は高次元に繋がるスターゲートです。ＡＮ（アン）スターゲートが、この銀河のアンタリオン転換を行う地点です。大天使メタトロンは、ＡＮスターゲートの守護者です。

オリオン座はこの銀河の二元性の鍵となる星座です。オリオン座の上部に位置するベテルギ

ウスは光の勢力の重要な拠点で、オリオン座の下部に位置するリゲルは闇の勢力の拠点でした。その2つの星の中央に位置するのが、アルニラム（AN）で、光と闇を統合する役割を持っています。

遠い昔、スターシードは高次元の一元性（ワンネス）の世界で暮らす天使でした。オリオン座のANスターゲートを通って、この宇宙に降りてきました。そして、プレアデスやシリウスを経由して準備をしてから、地球の人間として転生を始めました。

スターシードは、天使の一元性（ワンネス）のエネルギーを地球にもたらし、地球の光と闇を統合する役目を持っています。

私たちの魂や体の中にもアンタリオン転換を行う器官や構造は存在します。物質界の音波を精神的な聴覚に転換する、耳の構造がそうです。リンゴは「トーラス」と呼ばれる形をしています。アンタリオン転換もトーラスの形で作用します。

銀河と地球上で行われるアンタリオン転換は、現在、「AN転換」へとバージョンアップされました。

非線形な転換システムだったアンタリオン転換が、AN転換においては直接的な次元変換システムになりました。これにより、以前よりも私たちはソース（AN、一なるもの）と繋がりやすくなり、アセンションしやすくなりました。

銀河連合は地球の上空の宇宙船から浄化のエネルギーを送り、地上の闇やプラズマ異常を除去しています。これはＡＴＶＯＲ（アトバー）技術と呼ばれるもので、ＡＮ転換の原理を応用しています。

チンターマニストーンのフラワーオブライフ・グリッドが完成した土地には銀河連合の母船がやってきて、その地域を浄化してくれます。

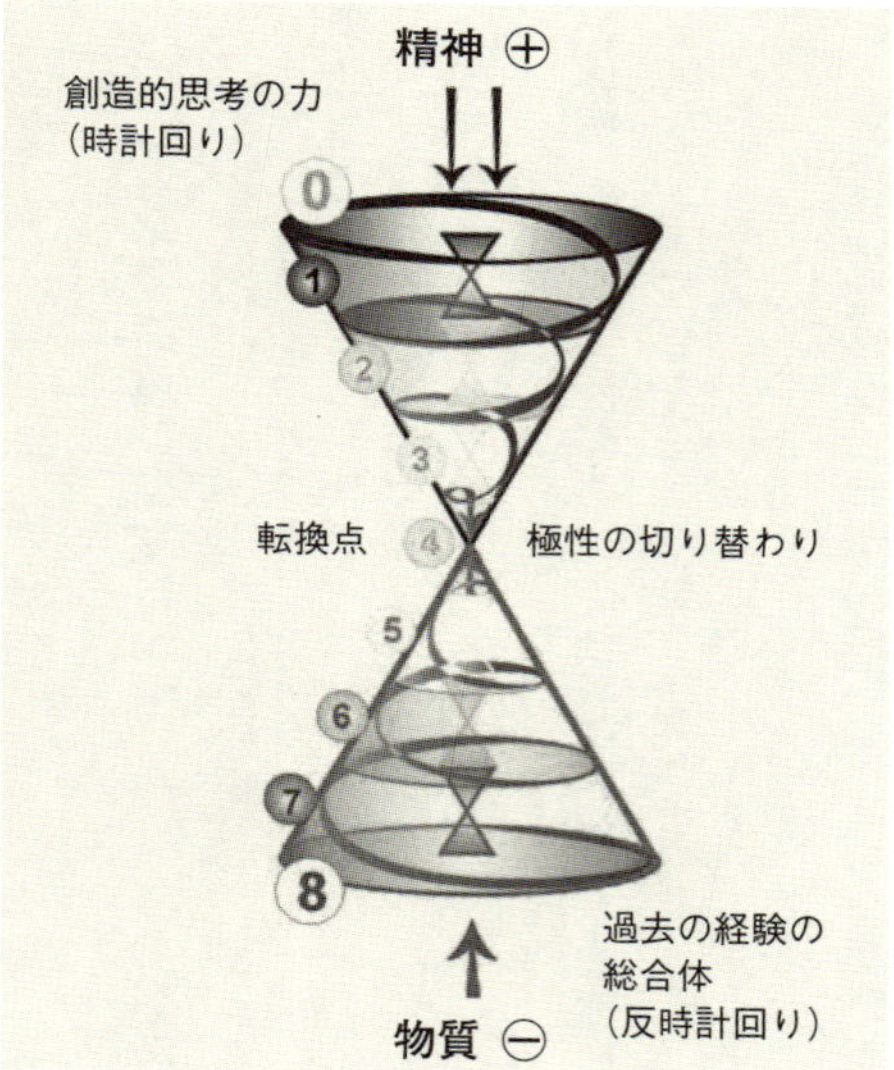

転換と反転の原理

私たちも日常生活の中で、アンタリオン転換やＡＮ転換を行うことができます。アンタリオン転換は、先ほど紹介した「女神の渦の瞑想」を行うことです。

ＡＮ転換は、大天使メタトロンに呼びかけ、自分や、浄化したい人や空間を、白い炎で燃やすイメージをすることです。心の中で大天使メタトロンに呼びかければ応じてくれます。

プロテクションワーク　その⑨
ＡＮ転換を応用した、ＡＴＶＯＲ技術と呼ばれる浄化方法

目を閉じ、リラックスします。上空に銀河連合のマザーシップがあるのを視覚化し、そこから白い輝く光の柱が降りてきて、自分を囲み、光の柱がそのまま地下に降りていき、地下の光のアガルタネットワークを通り、地球の中心へと到達するのを視覚化します。

次に地球の中心からもう1本の白い輝く光の柱が昇ってきて、自分を囲み、そのまま上空の銀河連合のマザーシップに上っていくのを視覚化します。息を吐くときに光の柱のエネルギーが上から下、息を吸う時に下から上に移動します。その後、次の言葉を唱えます。

「輝く純白の光の柱よ。私の元に降りてきて私を囲みたまえ。I AM that I AM の存在よ。私と合体し一つになりたまえ。」

上空からの白い光の柱の中を自分のハイヤーセルフが降りてきて自分と合体するのを視覚化します。


この瞑想は銀河連合と繋がり、初期異常を解消し、ハイヤーセルフとの繋がりを回復させます。この瞑想を他の人に対して行なえば遠隔ヒーリングができます。日に日に銀河連合のマザーシップが地表に近づくにつれて、ヒーリング効果が強化されていっています。

人類に埋め込まれた闇のプラズマ・インプラントを除去する方法

三角形のネガティブなプラズマフィールドによりスターシードは操られてきた

闇の勢力によって、遠い昔に人類とスターシードには「インプラント」というネガティブな装置が埋め込まれました。

これは、周囲のネガティブなプラズマを吸い寄せるブラックホールです。直径は電子と同じくらいの大きさです。「初期インプラント」は、左目の上と、右目の上にあります。このインプラントは自分が宇宙のソースと分離した存在であるという意識を作り出します。

「プラズマ・インプラント」は、へそから数センチ上の部分にあります。このインプラントは、あらゆる二極性や二元性を作り出しています。特に、男性と女性の意識の分離を作り出します。

このインプラントがあるせいで、男性は愛のないセックスをするようになり、女性はセックスのない愛を求めるようになりました。

男性は町を歩いている時に見かけた女性たちに対しても性的魅力を感じられることがあったり、女性が理想のツインソウルのイメージにしか性的魅力を感じられないことがあるのは、これが理由です。

主に、初期インプラントとプラズマ・インプラントの3点で、三角形のネガティブなプラズマフィールドを作り出しています。

後頭部の延髄（えんずい）にも1つか2つ埋め込まれています。

延髄のインプラントは生存本能や恐怖心を刺激し、中央銀行が支配するマトリックス社会の奴隷労働者として生きることを受け入れるように仕向けます。

インプラントには他にも、前世や過去世の記憶を忘れさせる効果、意識を高次元と繋がりにくくさせる効果があります。

スターシードはインプラントの埋め込みによって、過去世や故郷の惑星の記憶を消されてしまいました。インプラントを完全除去できるようになるのは地球が完全に解放された時、つまりイベント後となります。それまではインプラントを一時的に不活性状態にして、一時的に除去することしかできません。

プロテクションワーク その⑩

インプラント除去瞑想

インプラントの除去について説明します。

宇宙全体やエネルギーフィールドも、インプラントも、プラズマ体も全て、トーラス状です。

インプラントは、ぐるぐると回って、ネガティブなプラズマのエネルギーを引き寄せるように出来ています。

インプラントは左右の目の上とへその上にあり、その3点でネガティブなエネルギーフィールドを作っています。

しかし、特定のエネルギーフィールドによって、この影響を避けることができます。


大きな両剣水晶のクリスタルの中に自分が立っていることをイメージします。

クリスタルは上下が六角錐の形で、真ん中は六角柱です。

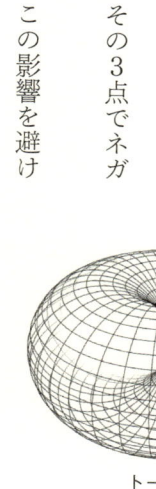

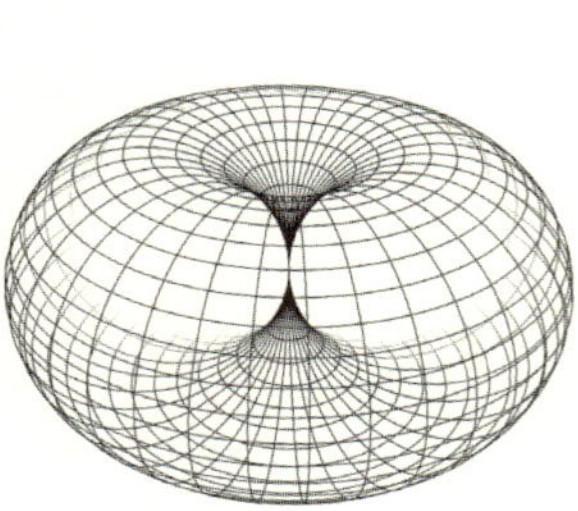
トーラス

クリスタル

六角形は宇宙の中で最も安定した形です。だから成長した水晶はこの形なのです。

このクリスタルの形の共鳴を使って、プラズマとインプラントのネガティブなエネルギーを除去することができます。

1．頭上30センチのところにあるソウルスターチャクラに水晶の頂点、ハートチャクラの周り半径30センチくらいの距離に六角錐の角が6点、第1チャクラの周り半径30センチくらいの距離に六角錐の角が6点、足元にあるチャクラに水晶の下端があるのをイメージします。

あなたはクリスタルの中にすっぽりと入っています。

2．それぞれの点がスカイブルー色（濃い水色）に光っていることをイメージします。

3．クリスタルの周りが白い光で輝きます。

そして、第二段階です。

4．先ほどの14か所の光に加えて、インプラントのある左右の目の上とへその上の3か所もスカイブルー色に光っていることをイメージします（合計17か所）。

この瞑想はインプラント除去に役立ちます。

さらに高度なバージョンもあります。

横になって、３か所のインプラントの位置（左右の目の上、へその上）に３グラム以上のチンターマニストーンを置き、インプラント除去瞑想をすることです。時間は20分間です。タキオンヒーリングチェンバーを利用するのもいいでしょう。

横になる時は、自分の入るクリスタルのイメージも横向きにしてください。セントラルサンからの光はプラズマ異常を解消する効果があり、チンターマニストーンはその光を集めるレンズとして作用し、インプラントのある場所に当てることでインプラントの影響を弱めることができます。

プロテクションワーク　その⑪
「三角法」（トライアンギュレーション）

もう１つ、インプラントを除去する方法を紹介します。

初期インプラントは、「私は神ではない」というメッセージを送ってきます。

その反対は、「私は神である」というものです。

この2つの反対の言葉を、紙に交互に書いていきます。
書く時に、それぞれの言葉の感情のエネルギーを感じてください。
神であるという気持ち、神ではないという気持ちを味わいながら書いてください。
頭の中で唱えるよりも、紙に書いた方が効果的です。10分ほど書き続けます。

私は神である　私は神ではない
私は神である　私は神ではない
私は神である　私は神ではない……

これは目の上にある初期インプラントを除去するのに役立ちます。
三角法を実践することで、眠くなったり、頭が痛くなる人もいるかもしれません。
感情や思考が一時的に停止するサマーディ体験をする人もいるかもしれません。
自分の問題点が解消され、I AM Presence に繋がっていきます。

プロテクションワーク その⑫
プラズマ・インプラントの除去法

次に、お腹にあるプラズマ・インプラントの除去方法です。

カップルの別れの原因は、だいたいこのインプラントが原因です。

性と愛の意識を統合するために、「セックスは愛である」「セックスは愛ではない」という反対の言葉を、紙に書いていきます。

それぞれの言葉の気持ちを味わって書いてください。10分ほど書き続けます。

セックスは愛である　セックスは愛ではない
セックスは愛である　セックスは愛ではない
セックスは愛である　セックスは愛ではない……

この三角法の原理を応用して、インプラントに由来する、意識の中にあるブロックや偏りを解消していくことができます。

女性が性的エネルギーを解放し、自分のソウルファミリーと愛し合うことにより、地球の解放を加速させることができます。

男性はすでに性的エネルギーを表現できるので、自分のハートの愛と繋がって、心からパートナーを愛することが大切です。

女性が性暴力被害を受けて男性を恐れるようになることがありますが、女性をレイプするのは人間の体に転生したレプティリアンやドラコニアンのサイコパスであって、外見は通常の人間に見えても、魂は人間ではありません。

全人口の3～5％がレプティリアンの魂を持った人間です。これは世界の2億人以上がレプティリアンの魂を持っているということです。

一方で、レプティリアンやドラコニアン以外のポジティブなスターシードの魂を持った人は1000万人しかおらず、その中でも地球を解放する使命を持った人々は14万4000人しかいません。

プレアデス人やシリウス人の魂を持った善良な人々に出会うよりも、レプティリアンやドラコニアンのサイコパス的な魂を持つ人々に出会う確率の方が圧倒的に高いのです。

人間の男性はレイプをしませんし、セクハラを繰り返すことはありません。

男性不信というのは、実はレプティリアンやドラコニアンを恐れているだけです。

出会った人にレプティリアンやドラコニアン特有の歪んだ冷たいエネルギーフィールドを感じたら、関わらないことが大切です。

プロテクションワーク　その⑬

ハートと性を統合させる瞑想

1. 体をリラックスさせて、しばらく呼吸に意識を向けます。

2. 息を吸いながら輝く白い光が自分の肉体とすべてのエネルギー体に入り、息を吐きながらその白い光を自分の周囲に放ってゆくことを可視化します。

3. 自分のハートチャクラに柔らかいピンク色のバラがあることを可視化します。呼吸を続けていると、そのバラが開花し始めます。数分間それを続けます。

4. 赤い色のバラを自分の性器のところに可視化します。呼吸を続けていると、そのバラが開花し始めます。数分間それを続けます。

5. 息を吸いながら、赤色のバラの性的エネルギーが、ハートチャクラにあるピンク色のバラに向かうエネルギーの導管を活性化させます。

6. 息を吐きながら、ピンク色のバラの愛とヒーリングのエネルギーが、性器のところにある赤色のバラに降りてきます。数分間それを続けます。

第4章

スターシードは地球が生まれるとき、闇の勢力と闇の契約を結ばされている：その解除法

アルコンによって地球はタキオンから隔離されている

全ての源と結びついている「タキオン粒子」

タキオンは宇宙に充満している光より速く動く亜原子粒子です。

タキオンは、この宇宙の根源である「ソース」によって、この宇宙で最初に作られました。常にソースと結びついている物質です。

タキオンはあらゆるレベル（物質界、プラズマ界、エーテル界、アストラル界、メンタル界、ブッディ界、アーディ界等）に同時に存在しています。

ソースは全てを完全に癒すことを意図しているため、ソースの意図や情報を伝えることのできるタキオンは、私たちの物質体・プラズマ体・エーテル体・アストラル体・メンタル体、つまり心身のあらゆる側面を調和させ、ヒーリングすることができます。

タキオンは私たちの意識やエネルギーを最高次元に繋げる手助けをしてくれます。

ひも理論の創始者の1人である、アメリカの理論物理学者ミチオ・カクも、私たちはタキオン粒子によって宇宙の根源（ソース）と繋がっていると提唱しています。

タキオンを妨害する闇のベール

ベールは、地表から高度13・8キロ地点に存在する、エーテル界と低層アストラル界に存在するエネルギー障壁です。アルコンによって作られました。地球を取り囲むフェンス、あるいは、監獄を取り囲む壁のようなものです。

ベールの目的は、宇宙空間に溢れているタキオン粒子を地上に到達させないことと、銀河連合が地球に入ってこられないようにして、地球を隔離状態にすることです。

タキオンは銀河連合の宇宙船の推進力としても使われるため、タキオンがない場所では銀河連合の宇宙船は深刻な影響を受けて、活動が困難になるのです。

ベールの機能は他にもあります。

・人類の意識の悪化、マカバとライトボディの非活性化。
・自由意志とポジティブな行動の抑制。
・知性（思考、集中力、判断力）の低下。

・性意識と愛の分離による男女関係の悪化。
・貧困のイメージの投影により、貧困を引き起こす。
・不健康な食習慣と肥満のイメージの投影により、それらを引き起こす。
・スパイ機能。エーテル界から物質界の全ての活動を監視。
・「プラズマ・インプラント」の埋め込みによる、前世や過去世の記憶の消去。
・死後、魂の存在になっても地球外に脱出できないようにする。

ベールが存在するため、人類は、この闇の勢力に支配されたマトリックス社会の中に延々と転生を繰り返すことになりました。

これまで、アセンションをした人だけが地球を脱出することができました。

COBRAは2014年、ロシアの軍用機でベールを超えて、高度18キロ地点まで飛行しました。ベールのある13・8キロ地点を超えると全ての闇の存在やネガティブなエネルギーが消え去り、宇宙に偏在するタキオン粒子を浴び、元気が溢れ、爽快感や完全な平和と、天使や光の存在を感じたそうです。

プレアデスのヒーリング空間「タキオンヒーリングチェンバー」

タキオンヒーリングチェンバーは、プレアデス人からCOBRAに与えられたプレアデスの最新技術です。人間や動物をタキオン化させてヒーリングすることができる特別な空間です。ピラミッドの骨組み、ベッド、タキオン化された水晶や天然石が幾何学的に配置されていま す。その部屋が常に宇宙空間や高次元と繋がっていて、宇宙のタキオン粒子が部屋の中に転送される仕組みです。機械ではないので、電力を必要としません。

チェンバー内のベッドで20分程度、横になることを5～7日ほど繰り返すことで、ヒーリングは完了します。

タキオンヒーリングチェンバーの主な効果は、人とソースを繋ぐプロセスを開始させることです。その結果、エーテル体や感情のヒーリング、直感力の向上、幸福感の向上、その他様々なポジティブな効果があります。病気やケガを治すものではありません。

タキオンヒーリングチェンバーによる体のタキオン化と基本的なヒーリング効果は、永続的です。その他の効果として、I AM Presence（本来の自分、自分の魂）との繋がりを強めたり、プレアデス人やシリウス人、天使、アセンデッドマスターとも繋がりやすくなるというものがあります。

ここで大切なのは、本人がソースと繋がる意志やヒーリングを受け入れる意志を持っていることです。タキオンヒーリングチェンバーに対して否定的な想いを持っている人や、霊的な成長を求めない人が利用しても、ヒーリングは起きません。

人のヒーリングだけでなく、タキオンチェンバーが設置された地域には大量のタキオン粒子がもたらされるため、その地域全体の空間を浄化し調和させることができます。

人や霊からのネガティブなエネルギーを受けて気分が良くない時、飛行機や新幹線の電磁波で疲れた時、感情的・精神的に疲れた時、アイディアをひらめきたい時、質の良い瞑想をしたい時、そういう時にもタキオンヒーリングチェンバーは効果的です。

タキオンヒーリングチェンバーで、鉱物や食品や水などの物質をタキオン化することはできません。人間、動物、そして鉢植えの植物だけヒーリング可能です。

タキオンヒーリングチェンバーを体験してから、雰囲気が明るくなって若返って見えるようになったり、自分の魂の使命を思い出して、ライトワーカーとして精力的に活動し始めるようになったりする人が多いです。

子供の頃から感じていたトラウマ的な重苦しい感覚が消えたという人もいました。

初めてのヒーリングで、急激なデトックスが起きて、眩暈がしたという人もたまにいますが、好転反応と呼ばれる一時的なものなのです。

水をよく飲んで、体の老廃物を排出することでおさまります。

地球解放の鍵を握る特別な石「チンターマニストーン」

シリウス星系からの神聖な石

チンターマニストーンはシリウス恒星系からの神聖な石です。

数百万年前、銀河のスーパーウェーブにより、宇宙のシリウスAを回る惑星が爆発しました。その欠片があらゆる方向に飛び散り、中には地球にたどり着いたものがありました。それが、チンターマニストーンです。

チンターマニストーンは銀河の中心からの純粋なエネルギーを浴び、そのエネルギーを内部に保持しています。そのため、知られている全ての石の中で最も高い振動周波数を持っています。

チンターマニストーンは地球解放の鍵を握る特別な石です。

2万6000年の間、地底に住むポジティブなアガルタ人が、地表に落ちたチンターマニストーンを拾い集め、世界にポジティブな影響を与えられる歴史的な偉人たちにチンターマニストーンを渡してきました。ソロモン王、アレキサンダー大王、アクバルはチンターマニストーンの所有者でした。世界平和の達成を目指したニコライ・リョーリフにもチンターマニストーンが与えられました。

ヒトラーのような闇の勢力も、チンターマニストーンを強奪しようとしましたが、光の勢力によって阻止されました。

銀河連合は、チンターマニストーンに銀河のセントラルサンからのエネルギーを送る技術を持っています。

チンターマニストーンの効果はこちらです。

・体内に埋め込まれている、闇のプラズマ・インプラントの影響を弱める。
・魂の使命を思い出すことを支援する。
・内なる導きの感覚が強まる。
・魂と繋がりやすくなる。
・時代遅れの信念を除去しやすくなる。
・闇の存在からの攻撃を軽減する。

チンターマニストーン

・瞑想効果を高める。

チンターマニストーンは、人々のハイアーセルフ、魂、I AM Presenceを反映した石です。ライトボディを具現化した石でもあります。

チンターマニストーンは、地球が解放されるイベント時に、銀河のセントラルサンからのエネルギーを受信し、地球にイベントのエネルギーを送信します。

チンターマニストーンの所有者が、そのエネルギーの導管となります。なので、チンターマニストーンの所有者はできるだけ、ペンダントとして身に着けたり、ポケットや財布に入れて持ち歩くことが推奨されています。

瞑想時に石を握ったり、眉間やハートやみぞおち等のチャクラの位置に石を当てると良いでしょう。その他のチャクラのヒーリングをする用途にも使えます。

チンターマニストーンは純粋なポジティブな光であり、ネガティブな効果は存在しません。また、石の所有者の心の中の未浄化な部分や不要な信念を浮き彫りにして、手放すことを手助けする効果があり、精神と感情の強力なデトックスを起こします。

チンターマニストーン保持者 ニコライ・リョーリフ

そのため、チンターマニストーンを身に着け始めた最初の頃に、一時的に感情や精神が不安定になる人も多いです。それは霊的な成長の兆候です。

チンターマニストーンは常に一定の振動数やエネルギーを保つことができることが特徴であるため、水晶のように浄化する必要はありません。物理的に汚れた時は水洗いをしてください。

チンターマニストーンの地球規模のエネルギーグリッド（エネルギー網）は、地下のアガルタ王国のネットワークにまで拡張されています。そのため、強いネガティブな感情を持っている時にチンターマニストーンに触ると、地球規模のチンターマニのエネルギー網に悪影響を与えるため、人との争いをしている時や、ネガティブな感情を持っている時にはチンターマニストーンに触れないでくださいと、ドラゴングループから要請されていますので、取り扱いには細心の注意を払ってください。

チンターマニストーン埋設による浄化活動

チンターマニストーンを地中に埋設すると、その場所に巨大な天使が降り立ち、半径5～15キロのプラズマ界を浄化することができます。

石が大きくて透明度が高いほど、浄化範囲が広まり、強力に浄化されます。

チンターマニストーンにより、プラズマ界を浄化することで、高次元からのソースの意志、つまり全てを癒して正常化させるエネルギーが物質界に到達し、物質界に高次元からの光がもたらされます。そのことにより、銀河連合や光の勢力がその地域で活動しやすくなります。実際、チンターマニストーンをたくさん埋めた地域には、ＵＦＯやクラウドシップが出現しやすくなり、多くの人が目撃してきました。

日本では北海道の宗谷岬から、沖縄の与那国島や波照間島まで、全国の津々浦々にチンターマニストーンが設置されてきました。主要都市、有名なパワースポット、あまり知られていないパワースポット、山、湖畔、洞窟、秘境、離島、海外、あらゆるところに設置してきました。日本に埋設されたチンターマニストーンは、３５００個以上です。

台湾や中国には３０００個以上が埋められています。世界中のパワースポットや、アトランティス時代の赤道やレイライン上にも埋められています。それでもまだ設置数が少ない地域はあるので、この浄化活動に関心のある方は、好きな場所に設置してください。最初は自宅の庭や近所に埋めるのが良いでしょう。

深い洞窟は、女神のエネルギーボルテックス（パワースポット）であることが多いので、チンターマニストーンを洞窟の最

2018年１月28日に中央ヨーロッパに現れた銀河連合のクラウドシップ

深部に置くことで女神のエネルギーを活性化できます。

山は男神のエネルギーボルテックスであることが多いので、山頂付近に埋めるのも良いでしょう。

チンターマニストーンの埋設方法

地中に埋設します。

台風や川の増水で流されない場所、土木工事で掘り返されないような場所を選んで埋めます。

スコップ等で深さ10センチ以上、理想的には20～30センチの穴を掘り、そこにチンターマニストーンを置き、土をかぶせれば埋設完了です。

埋めた瞬間に浄化が起きます。

埋める石は基本、2～4グラムくらいの大きさのもので充分ですが、透明度が高く、大きい石ほど浄化効果が強いです。

エネルギーの強さを決める最も重要な要素は、石の重さ（大きさ）です。

不透明でも大きいものが最もパワフルです。

1グラムの石をまとめて5個くらい同じ穴に入れて使うこともあります。

特に重要な場所には10グラムくらいの石を使うこともあります。

タキオン化された水晶や鉱物も、埋設すると良い効果があるので、土地や空間を浄化することに関心のある方は自分のアイディアで自由に埋設してください。

タキオン化されたローズクォーツ（無条件の愛、女神のエネルギー）、アメジスト（浄化）、アクアマリン（5次元のエネルギー、聖なる光）、両剣水晶（自由意志）等。

チンターマニストーンを埋設する時は、他の石や水晶やスピリチュアルグッズと一緒には埋めないでください。エネルギーが干渉してしまうからです。

他の石や水晶を近くに埋める場合は30メートル以上離してください。

チンターマニストーン同士を一緒に埋めることは可能です。

フラワーオブライフ・グリッド

神聖幾何学である、シードオブライフや、フルーツオブライフ（メタトロンキューブ）、フラワーオブライフの模様にチンターマニストーンを埋めることで、強力に活性化できます。

それらの模様が完成した地域には、銀河連合の宇宙船が来て、上空からその地域を浄化してくれます。

シードオブライフの形（六芒星と中心点）に設置された場所では、巨大な台風が弱まったり、台風がその地域から遠ざかったこともありました。

大気汚染が深刻だった北京にチンターマニストーンが埋められた3日後には、スモッグが解消され、ニュースになりました。

フラワーオブライフの場合、通常は19個の石を等間隔に置いていきますが、一回り大きいフラワーオブライフを作る場合は37個の石が必要となります。

石の大きさは2～3グラムで大丈夫ですが、3～4グラムを使えばさらに強力に浄化されます。中心点には大きめの石を使うと、さらに良いです。

すでに、日本のほとんどの主要都市にフラワーオブライフのチンターマニストーン・グリッドや、タキオン・アクアマリンやタキオンローズクォーツのシードオブライフ・グリッドが完成していますが、新たに自宅周辺や好きな土地に作ることも可能です。

とても強力に浄化されます。

石と石の間隔は1～3キロが作りやすいです。地図を見ながら設計図を作ります。

この作業はとても大変です。

地図上の設計図と実際に埋める場所の誤差はできるだけ少ない方がいいですが、地図を見て形が大きく崩れていない程度なら大丈夫です。

50～100メートルくらいの誤差は問題ありません。

２０１７年に、最初のフラワーオブライフ・グリッドがアジアに完成してからは、アジアでのクラウドシップの目撃報告が急増しました。

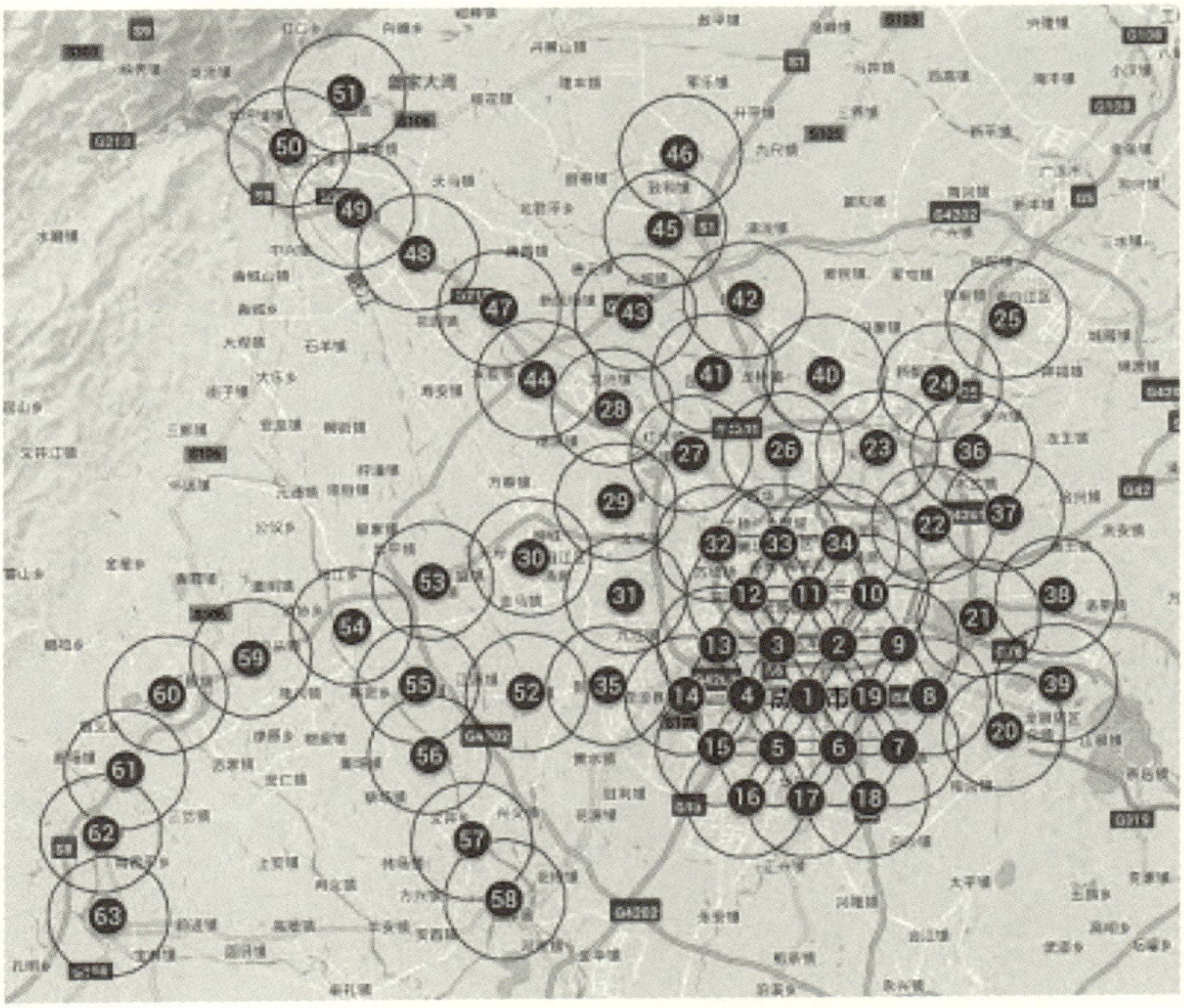

中国の成都に作られたフラワーオブライフ・グリッド

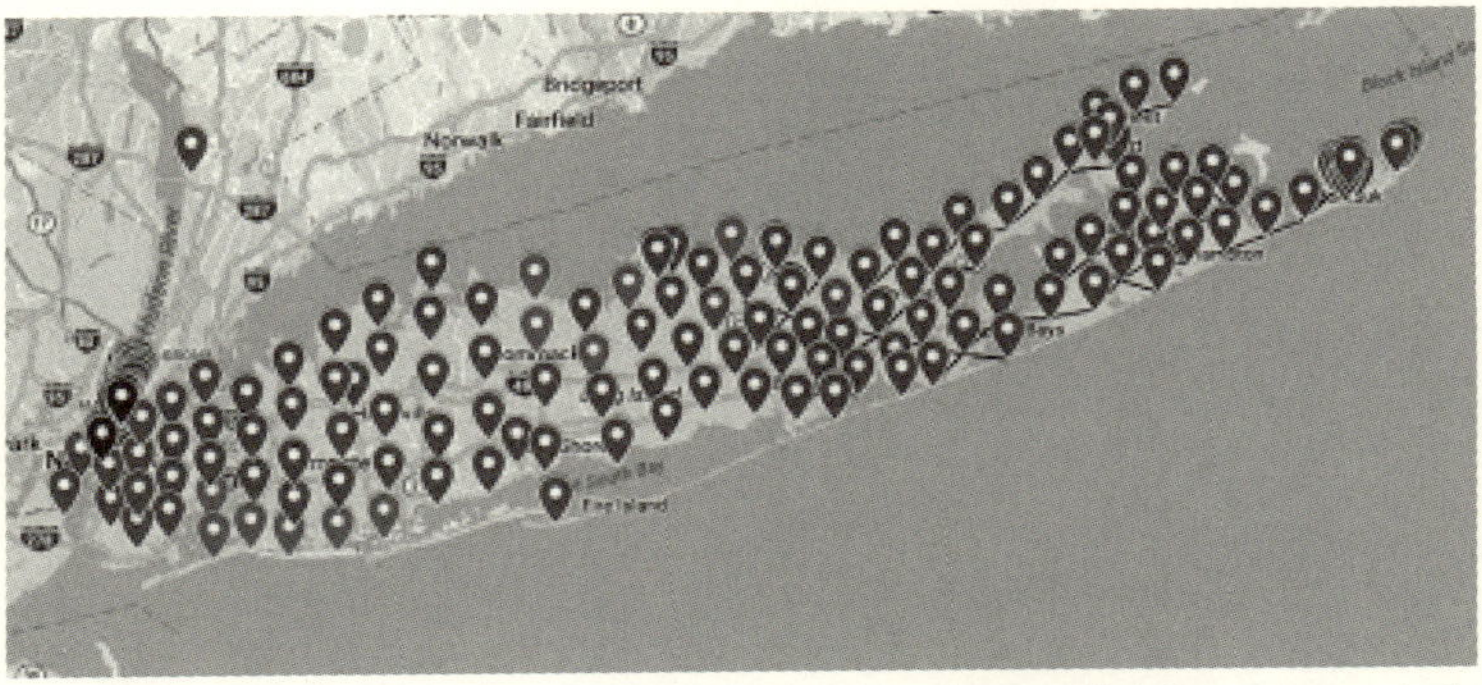

ニューヨークのロングアイランド（キメラの拠点）に作られた複合的なフラワーオブライフ・グリッド

部屋の中にシードオブライフやフラワーオブライフの形にチンターマニストーンを配置するのも良いでしょう。

チンターマニストーンの六芒星と、モルダバイトの六芒星を組み合わせて、十二芒星を作ったり、さらにその周りに6個の両剣水晶を配置したりと自由にアレンジ可能です。

この写真では、チンターマニストーン、アクアマリン、モルダバイト、自由意志強化水晶を、ピラミッド内に配置しています。全てタキオン化されています。

チンターマニストーンの種類

チンターマニストーンは石というより、テクタイトという、隕石衝突で生成された天然のガラスです。

テクタイトの中には、緑色のモルダバイト、黄色のリビアングラス、黒いインドチャイナイト等があります。よく天然石のお店で売られている黒い不透明なテクタイトは、オリオン座から来たテクタイト（インドチャイナイトやフィリピナイト）なので、シリウスから来たチンターマニストーンとは違います。

チンターマニストーンは年間50キロほどしか産出されません。ほとんどが小さいサイズのもので、20グラムを超えるものは稀少です。通常、出回っているチンターマニストーンは大きくても35グラム前後で、40グラムを超える透明度の高いチンターマニストーンはとても珍しいです。一般的なサイズは3～6グラムで、これが中サイズです。10グラムを超えると大サイズという感覚です。1～3グラムは小サイズで、主に埋設して土地を浄化するために使われています。

透明度が低い、もしくは不透明なチンターマニストーンは、物質界にエネルギーを定着させやすい効果があり、透明度の高いチンターマニストーンは高次元のエネルギーを受信しやすい効果があります。透明度の高さは、強い光を当てると判別できます。

通常のチンターマニストーン以外にも、様々なエネルギーのチンターマニストーンが存在します。

「チンターマニ・パール」は、自然の中で磨かれて、つるつるした真珠のような質感になったチンターマニストーンです。女性的なエネルギーが含まれています。そのため、最も強固な不要な信念パターンを除去してくれる効果があります。とても稀少です。

「準宇宙チンターマニストーン」は、アルコンのベール（高度約14キロ）を超える高さまでロケットを飛ばして、準宇宙空間のタキオンエネルギーを注入させたチンターマニストーンです。

宇宙の純粋なエネルギーが含まれています。

「アガルタ・チンターマニストーン」は、地下にあるタキオンヒーリングチェンバーでタキオン化され、レジスタンス・ムーブメントの基地の出入り口に数日間、安置したチンターマニストーンです。光のアガルタ王国のエネルギーが含まれています。

「COBRAチンターマニストーン」は、準宇宙空間とアガルタの両方に行き、天と地の光のエネルギーを含んだチンターマニストーンです。COBRA（圧縮突破）のエネルギーを持っています。

「レア・チンターマニストーン」は、チンターマニストーンと同じくシリウスから来ましたが、産出される地域が違うチンターマニストーンです。チンターマニストーンより透明度の高いものが多いことが特徴です。

力強さではチンターマニストーンに劣りますが、より繊細なエネルギーを持ち、アセンションプロセスを支援してくれるという効果があります。

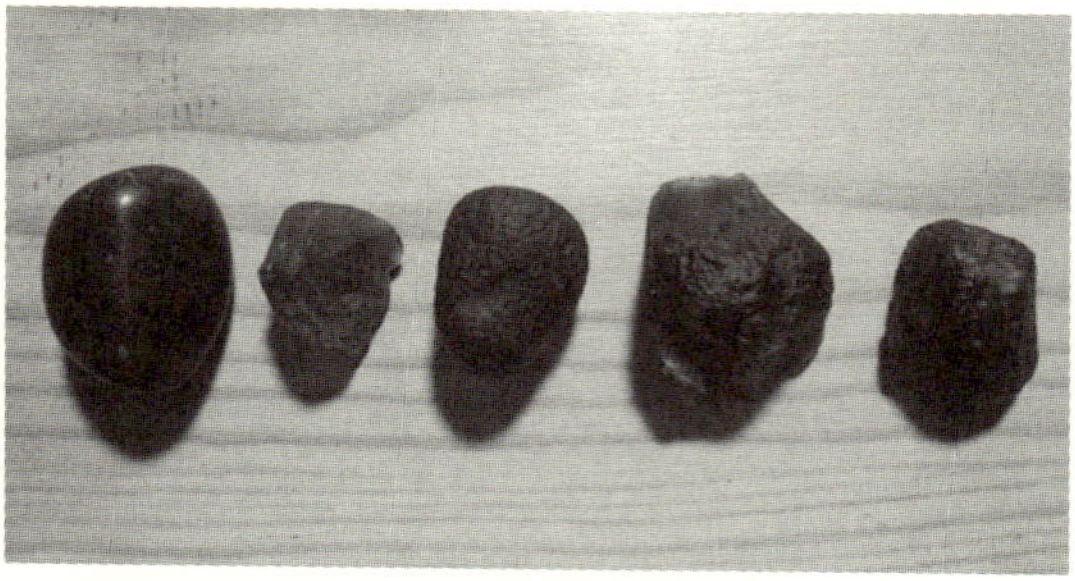

写真は左からパール、準宇宙、アガルタ、COBRA、レア

スターシードたちは闇の勢力との魂の契約をキャンセルしなければならない

闇の契約の解除方法とプロテクションマニュアル

私は、初めてチンターマニストーンを埋めに行く時、闇の勢力から強い攻撃を受けました。その時、銀河連合にテレパシーで助けを求めたら急速に回復したという経験をもとにして、闇の勢力の攻撃からライトワーカーをプロテクション（保護）するためのマニュアルを完成させました。

この保護マニュアルをブログで公開してからは、攻撃を受ける人は95％以上減少しました。現在、日本でチンターマニストーンを埋める時、攻撃を受ける人は滅多にいませんが、保護マニュアルはあらゆる状況において有効なので、紹介します。

ただし、重要な点があります。

闇の勢力との魂の契約を解除しないと、保護マニュアルは効果を発揮しないので、闇の勢力との魂の契約を解除する布告も併せて紹介します。

どちらも心の中で念じれば発動します。

プロテクションワーク その⑭
闇の勢力との魂の契約を解除する布告

I AM Presence（本当の私）の名において　私の魂の名において
全ての光の勢力の名において
私は過去に闇の勢力と交わした全ての契約と合意を取り消し、破棄します。

これら全ての契約や同意を、その内容と影響に関わらず、私の潜在意識のプログラミングから破棄し、無効にします。

私の自由意志をもって、これらの契約と闇の勢力からの全ての影響から私自身が解放され、自由になることを布告します。

私はここに、光の勢力と私の間に完全なる意識の協働が行われることを命じます。

私はここに、宇宙の至高の計画と完全に合致するように私の人生が導かれていくことを命じます。

私はここに、人生の中で私と全ての人々が幸せになる奇跡が無数に起きていくことを命じ

ます。
そうあらしめたまえ。そうなります。

闇の契約の解除の布告を唱えた後に、アセンデッドマスターのサン・ジェルマンを呼び出し、紫の炎によって闇の契約書を燃やし尽くすことを依頼し、それを視覚化するのも良いでしょう。

プロテクションワーク その⑮

保護マニュアル

I AM Presence（本当の私）の名において　私の魂の名において
プレアデス人、シリウス人、アルクトゥルス人、ポジティブなアンドロメダ人、アシュター司令官、銀河連合、アセンデッドマスター、天使、女神、大天使ミカエル、大天使ザドキエル、大天使メタトロン、スピリチュアルガイド、レジスタンス・ムーブメント、ドラゴングループ、アガルタ人、全ての光の勢力に呼びかけます。
私は常に、全ての光の勢力からのあらゆる支援、保護、導き、ヒーリングを求め、それらを喜んで受け入れることを宣言します。
私と、私の家族（名前）、ペット（名前）、私と家族の持ち物、車、財産、全てを永久に闇

の勢力の攻撃から守ってください。
物質界、プラズマ界、エーテル界、アストラル界、メンタル界、全ての次元においてネガティブなエネルギーやネガティブな存在から保護してください。

自転車やバイクに乗る人なら、自転車やバイクも保護を依頼したり、経営者なら自分の会社や従業員の保護も依頼してください。

保護する対象を自由に追加することが可能です。

ただし、保護の対象の人が光の勢力に対して心を開いていない場合、光の勢力は人間の自由意志を尊重するため、保護することができない場合があります。

闇の契約の解除と保護マニュアルは定期的に繰り返してください。

特に、闇の契約の解除は、一度や二度では効果を発揮しません。

私たちは過去世においてたくさんの闇の契約をしてきたからです。

それを全て解除するためには、何度も繰り返す必要があります。

闇の勢力との契約を解除する布告と保護マニュアルは、チンターマニストーン埋設活動をする人だけなく、全ての人が使用できます。全ての人にとって重要です。

光の勢力の支援をはばむ闇の契約

闇の勢力との魂の契約について解説します。

スターシードは、魂の世界でアルコンとの闇の契約を結ばなければなりませんでした。

それは、苦しい人生を受け入れるとか、闇の勢力からの攻撃を受け入れるとか、光の勢力からの支援を受け入れないことに合意するというネガティブな契約です。

この契約が存在するため、光の勢力がスターシードを支援できないということや、物理的な攻撃や霊的な攻撃を受けることや、人生にいつも不幸なことが付きまとうということが起きています。

実際に起きたことを紹介します。

チンターマニストーンを初めて埋めた人がいました。霊感のある方でした。

チンターマニストーンを埋めた直後から、黒い影の霊的存在が自分の肩に憑りついてしまったそうです。

それがとても不快で困っているというので、私に連絡がありました。

私はその方と同じような被害報告を全国の方から毎日のように受けていて、遠隔ヒーリングをすればすぐに取れることが分かっていたので、この日も10秒ほどヒーリングしたのですが、まだ黒い影が見えて気持ち悪いとのことでした。

もう一度ヒーリングしても、何度ヒーリングしても取れませんでした。

話を聞いてみると、その方は、闇の契約解除を一度しかしていなかったそうです。

これは本来、何度か宣言しないと効果が出ないものなので、すぐに改めて契約解除をしてもらいました。

すると、その瞬間、肩に黒い影がいなくなり、気がつくと、剣を持った白い服のおじいさんが肩にいて、自分を守ってくれているのが見えたそうです。

闇の契約が解消されたことで、光の存在が介入できるようになったのです。

その方はスッキリして喜んでいました。

この出来事のように、闇の契約との契約解除は非常に重要で、即効性があるものです。

おまじないや、気休めではありません。繰り返し唱えることで、人生がポジティブに変化していったり、光の勢力からの保護、導き、支援が強化されていきます。

潜在意識の中から人生をネガティブにさせている原因が取り除かれていき、生活環境が改善されていきます。

闇の勢力から干渉や攻撃を受けることも含めて、闇の契約に基づいたものなので、契約を取り消していくことで攻撃されなくなります。

闇の契約の解除をする度に魂の制限が取り除かれていき、心理状態や環境に変化が起き、目覚めの期間を経験していきます。

人類の転生システムを乗っ取ったアルコン

人は死ぬと、魂の状態になり、魂の世界に行き、今回の人生を振り返ってから、次の転生へと備えます。

この生まれ変わりの仕組み、転生の仕組みは、アルコンの支配下にあります。スターシードは地球を解放するために地球にやってきた魂なので、アルコンや闇の勢力にとって大きな脅威です。そのため、スターシードが自分の使命に目覚めないように、魂の任務を妨害するような親や、相性の悪い親、機能不全の家庭に生まれるように仕向けることが多いです。

アルコンは、「厳しい環境で生きることは、魂の学びになるから」とか「前世でのカルマを清算する良い機会だから」という口実で、問題の多い家庭環境を提示してくるのですが、本当の狙いは、厳しい家庭環境の中でトラウマや心の傷を負わせて、スターシードとしての活動を始められないようにすることです。

中には幸せな家庭に生まれてくるスターシードもいます。アルコンの干渉だけでなく、光の勢力も、スターシードが有利な転生をできるように介入してくれることはあります。ですが、ほとんどの場合、私たちはアルコンから押し付けられた限られた選択肢の中から、転生後の環境を決定して、生まれてきます。

転生計画の最終的な決定は本人がします。

転生後の人生のシナリオまで、アルコンが用意したものである場合もあります。

例えば、トラブル続きの人生、病気や事故、貧しく生きる、相性の良くない人との結婚、光の勢力からの支援を受けない、等。

これが闇の契約です。「闇の勢力との契約を解除する布告文」を繰り返し宣言することで、生まれる前の魂の世界で受け入れたネガティブな人生プランを取り消すことができます。

カルマはアルコンが人々の魂を奴隷状態にしておくための創作物

「カルマ」は、アルコンが人々の魂を奴隷状態にしておくために作り出した概念です。

カルマとは、例えば、「人の物を盗んだら、後で自分の物が盗まれることになる」という考え方です。あるいは、「自分が今日、物を盗まれたということは、きっと前世で自分は人の物を盗んだのだろう。だから、この経験により、前世のカルマを清算できた」という考え方です。

これでは最終的に真の癒しが起きることはありません。

自分のものを盗んだ他の誰かが、また新たなカルマを作り出してしまい、負の連鎖が続いていくだけだからです。物事は何も解決しません。それが、実際に地球で起きていることです。

宇宙の法則はカルマのようなしっぺ返しではなく、「自分の行為のバランスを取ること」です。

地球以外の星で悪いことをしてしまった人には、即座に心のヒーリングの機会が与えられます。そこでヒーリングを受け入れて、自分の行為を自覚し謝罪や償いをすれば、基本的にそれで解決します。地球は闇の勢力によって隔離されているため、適切なヒーリングを受けることができないだけです。大元の原因はアルコンが地球を隔離していることであって、そのせいで人々の精神状態が悪化しているだけです。

カルマの影響を受けるべき存在がいるとすれば、それはアルコンであって、人類ではありません。

闇の勢力が押し付けてきた「カルマ」の概念を真に受ける必要はなく、ネガティブな状況に対して、罪悪感を持つ必要はありません。

罪悪感を持つことで、実際にネガティブな物事が引き寄せられてしまいます。

以下の布告を何度もすることで、カルマを消去することができます。

プロテクションワーク その⑯

カルマを消去する宣言

I AM Presence（本当の自分）の名において　私の魂の名において
全ての光の勢力の名において
私はこれまでの過去や過去世の全てのカルマを消去します。
他者からの全てのカルマの負債を取り消します。
カルマに関する全ての効果や影響を取り消します。
私は自由な光の存在であることを宣言します。
そうあらしめたまえ。そうなります。

アルコンが広めた間違った考え方

カルマの話だけでなく、アルコンは一神教やスピリチュアルや精神世界の分野にも入り込み、間違った考え方を広めてきました。

女性を不浄なものとして低い地位へと貶(おとし)めたり、女性を抑圧する慣習や教えは全て、女性の持つ女神のエネルギーを封印するための、アルコンの陰謀です。

当然のことながら、男性も女性も平等な権利を持っています。もし、女性が不浄な存在なら、女性から生まれた男性も不浄な存在ということになるはずです。

日本にも女性を不浄とみなす間違った慣習が存在しますが、早く終わらせましょう。男尊女卑は、時代遅れの間違った考え方です。

「全ては完璧だから、全てを愛し、全てを受け入れ、全てを許しましょう。抵抗してはいけません」というニューエイジによくある考えも、アルコンが広めました。

人類が闇のシステムや闇の存在を受け入れて、状況を改善しないように仕向けるためです。

現実に、光の勢力の艦隊は、物理的にも非物理的にも、闇の勢力と戦っています。闇と戦ってくれているから、地球人はそれなりに平和に暮らすことができています。無抵抗や無条件の許しだけでは、状況は改善しません。闇の存在によって、自分や他者が健康的に生きる権利が侵害されている場合、立ち上がる必要があります。

誰かを無条件に愛し続けることも、現実的には不可能です。無条件の愛とは、自分の魂と繋がった時に、他者や宇宙との一体感を体験した時に自動的に感じられる愛のことです。物質界で誰かに奉仕し続けたり、嫌なことをされても許し続けることではありません。犯罪者を野放しにすることでもありません。

物質界における無条件の愛とは、自分や他者が健康的に生きる権利が侵害されない限りは、人々の自由意志を尊重する、という態度のことです。

「ネガティブなことや闇は幻だから、意識してはいけない。光だけに集中すれば、全てが解決する」というニューエイジの考えも間違いです。

多くの人は、世の中に陰謀や闇の勢力が存在することを知りません。だからといって、世の中から陰謀や闇の勢力が消えるようなことはありません。むしろ、闇の勢力にとっては都合のいい状態が続くだけです。闇の勢力や陰謀を全て知っている人ばかりの世の中では、闇の勢力は活動できなくなります。

病気を予防してくれるものであって危険性はないと信じてワクチンを接種した人でも死亡や重度の副作用が起きるという事実から分かるように、闇やネガティブさについて全く意識していない人であっても、闇の影響を受けるということです。光に集中するのは良いことですが、同時に闇についても認識し、理解することが重要です。

「人間の意識の、エゴこそが迷妄の原因である」という考えも精神世界の本にはよく書かれていますが、エゴという概念は、アルコンが作ったものです。

エゴというものは存在しません。「宇宙は全て完璧。自分の周りで起きる物事も全てが完璧」という考えも違います。

この宇宙には「初期異常」というものが存在し、これはソースやアセンデッドマスターでさえも予測ができない「偶然性」が存在するということです。「初期異常」を完璧に理解している存在がいないため、常に予測できないことが起きる可能性があります。

この初期異常と悪を指向する自由意志の組み合わせにより、闇が発生し、宇宙に闇が広まっていきました。

ソースはこの初期異常と闇を吸収し、光に変えているところです。

ニビルという惑星が地球を滅亡させるとか、地球が球体ではなく平面であるという説も闇の勢力が広めた話です。

複数の並行現実が存在するというパラレルワールド説がありますが、パラレルワールドは存在しません。

闇は無意味：地球は魂の学校ではない

アルコンが広めた偽りの考え方に、このようなものもあります。

「光と闇は表裏一体。光があれば闇もある。

闇や苦しみがあるからこそ、光や喜びの価値が分かる。

だから、闇や苦しみはありがたい存在だ」

スピリチュアルや精神世界が好きな人の中には、この考えを受け入れている人はとても多いです。でも、これは完全な間違いです。

宇宙や私たちの全ての根源である「ソース」は、闇を意図して作ったわけではありませんでした。ある時、意図せず、ただ偶然、光に反するものが出来てしまい、それがここまで宇宙に増殖してしまっただけのことです。そしてソースは、全ての闇と異常を統合して、解消することを意図しています。

不幸や苦しみをありがたがる考え方は、アルコンの支配を正当化させる力を与えてしまいます。スピリチュアルや精神世界の分野でよく言われる、「地球は魂の学校」という考え方も、間違いです。

「地球は解放される必要のある監獄」が真実です。

アルコンの闇のベールの技術によって、死んでも延々と地球に転生するように仕向けられているだけです。

これは宇宙的には、完全に異常な状態です。人々がアセンションする権利や、自由に生きる権利が侵害されています。地球以外の星において、苦しみや闇は全く存在意義がありません。ポジティブな健康的な経験を通して、学びや成長をすることができると知っているからです。

闇の勢力によって隔離された地球にだけ、苦しみや闇が溢れかえっています。その状況を受け入れさせるために、闇も必要だとか、光と闇は兄弟である、という間違った哲学や思想が広められました。それは妥協の産物でしかありません。

宇宙の存在は、平和的に楽しく暮らしていますが、隔離された地球の人々や動物のことを思い出す時にだけ、いたたまれない気持ちになります。

私たちがそのことを知って、**「闇や制限は不要だ。私たちは光と共に自由に生きる権利がある」**という意識を持つ人が増えれば、実際に地球はそのように変わっていくでしょう。

互いに相反する膨大な量の情報の中で「識別力」を養うために必要なこと

膨大な量の情報が溢れている現代では、情報の真偽や信憑性を識別する能力が必要になります。

テレビで放送されていること、ネットや本に書かれていること、誰かから教わった情報、学校で習ったことも含めて、全ての情報を鵜呑(うの)みにするのではなく、本当に正しいのかを識別していくことが大切です。

医学や科学の分野でも、実際には様々な考えが存在しています。

病院でワクチン、フッ素、精神薬、抗がん剤が使用されることは、普通のこととされていますが、医者やジャーナリストの中にはこれらは全て危険であり、使用してはならないと主張する人も存在します。

学校で習った歴史の話も、しばらくしてから間違った説だったことが判明して、今と昔では教える内容が変わることもあります。

世間で常識になっていることや学校で教わったことの中にも、不確かな情報があるのですから、ＳＮＳやブログに書かれている情報を鵜呑みにするのはとても危険なことです。

ネット上にはＣＯＢＲＡが実はＡＩ（人工知能）で、実在しないという情報が出回ることもありました。

私のようにＣＯＢＲＡと実際に会ったり握手したことがある人は大勢いるのですが、ネットで情報を集めているだけの人はそういう情報を信じてしまうこともあります。

特に、陰謀系の情報を好む人には、なんでも闇の勢力の陰謀であると疑心暗鬼になっている人が多いです。疑いすぎるのも、信じすぎるのも、偏った意識状態です。

識別力を身につけるために最も大切なことは、自分の魂と繋がることです。**魂と繋がれば、何が正しいかが直感的に分かるようになります。**

魂からの直感と現実的な知識や論理力を組み合わせることにより、高い精度で正しい判断ができるようになります。

情報は常に複数の面から、二重にも三重にもチェックすることが大切です。

正しいことには、証拠がいくつも存在することが普通です。そのため、複数の証拠を探して、二重のチェックや三重のチェックをすることは難しくありません。いくつもの確かな証拠となるものがある情報だけを信頼すれば、騙されたり、間違った判断をすることがなくなります。

健康情報については同じテーマでも体に良いという説と体に悪いという説が両方あることが

多いです。例えば、糖質制限、ベジタリアン、油、オメガ3、玄米、砂糖、果物、農薬、有機栽培、放射能。これら全て、肯定意見と反対意見が存在します。どちらの意見も医者や学者によるものです。

「糖尿病がどんどんよくなる糖質制限食」という本もあれば、「糖尿病は砂糖で治す！」という本もあり、どちらも医者が書いています。

最初に知った一つの意見だけを信じるのではなく、様々な意見を参考にしつつ、論理力と直感と体感で自分なりの答えを見つけていくことが大切です。情報だけでなく、信頼できる人と信頼できない人を見抜くことも大切なことです。

識別力を補助するためのポイントをいくつか紹介します。

いくつかの観点を組み合わせることで、より正確な判断ができるようになります。

・論理力を身につける

多くの間違った情報は論理が破綻していたり、飛躍していたり、矛盾していたりします。間違った情報を信じて失敗している人は、論理的に考えるプロセスを飛ばして、信じるか信じないかという極端な判断をしていることがほとんどです。

論理的な考えを身につければ、間違った情報を見抜くことは容易になります。

・美的センスによる見極め

ブログやSNSのデザイン、ブログやメールの文体、その人のファッションや髪型や、好む写真や芸術、人相、目、喋り方、あらゆる要素にその人の内面や本質が表れています。

自分の美的感覚を使って、見極めます。

そのためには、自分自身が美的センスを鍛える必要があります。

芸術や音楽を真剣に観賞し、感じ取ることで、センスは鍛えられていきます。

美しい芸術や音楽には、健康的な調和したエネルギーが含まれています。その健康的で調和したエネルギーに慣れていれば、間違った情報や、信頼できない人の発する不調和なエネルギーに気づきやすくなります。

・関連しているものを見る

人を見極める時に役立つ観点です。

その人の周りにどういう人が集まっているかを見れば、その人の本質も見えてきます。

信頼できそうな人が周りに多い人なら、その人も信頼できる人である可能性が高いです。

怪しげな人ばかり周りに集まっている人は、怪しい人である可能性が高いです。

・ハートの感覚で確かめる

その情報を受け取った時、自分の胸のあたりでどのような感覚がしたかを感じ取ります。ワクワクしたり、心地よく感じるか、違和感や嫌な感じがするかどうかを感じ取ります。ハートが嫌がっていると感じた場合は、信頼できない情報かもしれません。

普段から、自分のハートの感覚を感じ取りながら生活することで、感覚が磨かれていきます。

・自分の振動数を高める

体の振動数が低い状態だと、低い振動数の情報、物事、人と出会いやすくなります。
それらは間違った情報や、不調和な物事であることが多いです。
自分の振動数を低くすることをいくつか挙げます。

- 動物性食品や化学物質を体内に取り込む。
- 嫌なことを我慢したり、ストレスを溜め込む。
- 自分と合わない人付き合いをする。
- 自然や植物のない場所や暗い雰囲気の土地で生活する。

振動数を高める方法を挙げます。

・無農薬の野菜やフルーツを食べる。
・好きなことをする。我慢しない。本音を表現する。
・自分と気の合う人と仲良くする。
・晴れた日に大自然を散策したり、パワースポットを訪れる。

地球で最も振動数の高い、チンターマニストーンを身に着けることでも振動数は急激に高まります。

自分の振動数を高めることで、振動数の低い物事と出会いにくくなり、自然と正しい情報と出会いやすくなり、間違った情報や信頼できない人との縁がなくなっていきます。

チャネリングメッセージにご注意

宇宙人や霊からのメッセージを受信して話すことをチャネリングといいます。

チャネリングは、その人の振動数や意識状態と共鳴する存在からのメッセージです。

そのため、振動数の低い人が、高次元のメッセージを降ろすようなことはできません。

第2イニシエーションに到達していない、雑多な感情やイメージの世界に溺れて不安定な精神状態の人は低層アストラル界とつながっているため、チャネリングをすると、その階層にいるアルコンやレプティリアンや低級霊と繋がり、間違った情報やエネルギーを広めることになります。

恐怖を煽ったり、獣臭い感じがしたり、猥雑で不気味な感じのするチャネリングメッセージは低層アストラル界に由来しています。

清潔感があり、感情と精神が安定していて、人格的に信頼できる人は、第2イニシエーション以上に到達している人のため、比較的、信頼できるチャネリングメッセージを伝えることができますが、いずれにせよチャネリングメッセージは玉石混淆なので、読む時は充分に注意する必要があります。

魂の発達段階が低い段階で、サイキック能力やチャネリング能力を開花させると、自動的に低級霊に憑依されるので、とても危険です。

チャネリング、透視、遠隔視、オーラ視などは高度な能力ではないので、こういった能力を持つ人がいても自分より優れた人だと思う必要は全くありません。

大麻を使うことで、肉体とエーテル体の脳を隔てる膜を溶解させ、意識が別次元に繋がりますが、たいていの人はエーテル界や低層アストラル界のネガティブなレプティリアンと繋がってしまい、危険です。

その人の意識状態や振動数次第で、ポジティブな体験もできます。

プロテクションワーク その⑰
松果体を活性化させる方法

アセンションやスピリチュアルな成長に必要なのが松果体（脳の器官）です。

松果体を通して、プラズマ体と繋がります。松果体を通して、魂と体が繋がります。

松果体が活性化すると、識別力が強化され、情報の真偽がすぐに分かるようになります。

相手の意図や振動周波数を読み取ることもできます。

今、何が起きているのかということもすぐに分かります。自分に合うことと合わないことの違いも、すぐに見分けられます。

闇の勢力はそのことを知っているので、スカラー波を使って、人類の松果体にネガティブな影響を与えています。さらに、化学物質を広めて、松果体の機能をブロックしようとしています。

歯磨き粉のフッ素もそうです。フッ素は松果体の機能を弱め、ハイアーセルフとの繋がりをブロックします。

松果体が活性化すると、魂が自分の中枢神経をコントロールし、チャクラや体調を活性化させることができます。エネルギー体を活性化できるのです。若返りも起きます。

松果体の活性化方法を説明します。練習すれば誰でもできるようになります。

1. 左耳の上から右耳の上へと、水平の水色の光の棒が頭を貫通するのを視覚化します。
2. 眉間から後頭部へと、同じように水平の水色の光の棒が頭を貫通するのを視覚化します。
3. 頭頂から首にかけて、垂直のエレクトリックブルーの光の棒が頭を貫通するのを視覚化します。

これらを同時に視覚化します。

さらに高度なテクニックもあります。

これら3本の光の棒が貫通し、その交差点で、松果体の周りに白い光、その外側に紫色の光が発光しているのを視覚化します。それに加えて、「ヨーアー」というマントラを繰り返します。

タキオン化されたアメジスト、フローライト、アクアマリン等の鉱物も、松果体の活性化に役立ちます。特にアクアマリンが強力です。

銀河連合の地球解放作戦が始まる

２０１８年1月、銀河連合は銀河法典第４節２項に基づいて、地球を銀河連合の領域に転換することを決定しました。

これにより、地球を支配してきた闇の勢力の反対は無視して、地球を解放していく作戦が始まりました。

その1つが、地球上の人々とプレアデス人のファーストコンタクト（宇宙人との出会い）です。

地球が完全解放される瞬間であるイベントよりも前に、ファーストコンタクトが先行して行われる可能性があります。

7メートル×7メートル以上の広さ（理想的には30メートル×30メートル）の平坦な私有地を持っていて、私有地にプレアデス人の宇宙船が着陸することを許可し、プレアデス人と物理的に会って交流をしたい人は、以下の文言を、**心の中で念じてください。**

コンタクトが始まります

絶対に声に出して唱えないでください。

声に出すと、ファーストコンタクトは行われません。


「アイアムプレゼンスの名において、プレアデス人の宇宙船が私の所有する土地に着陸し、できるだけ早急かつ最良の方法でその宇宙船のプレアデス人との物理的なファーストコンタクトが起きることを命じ、求めます」


プレアデス人とのファーストコンタクトを希望する人は、他の人に自分がファーストコンタクト計画に参加していることを話したり伝えたりしてはいけません。

誰かに伝えた場合には、ファーストコンタクトは行われません。


自分の中だけの秘密にしておいてください。

闇の勢力は、人類に仕掛けたバイオチップにより、全ての人の視覚情報と聴覚情報をリアルタイムで監視しているため、声に出してしまうと、ファーストコンタクトを妨害してくるからです。

しかし闇の勢力は、人類の心の中までは監視できません。

光の勢力は、人類の心の中を読み取ることができるので、この作戦が有効なのです。

このファーストコンタクト計画に参加する人が1万2000人以上集まれば、銀河連合は、地球人が友好的な宇宙人とファーストコンタクトへの精神的準備が整ったと受け止めて、実際にファーストコンタクトが行われる予定です。

ファーストコンタクトが起きる時、闇の勢力の支配下にある地上の軍隊がプレアデスの宇宙船を攻撃するかもしれませんが、攻撃できたとしても1～5機だけです。

数千のプレアデスの宇宙船が一斉に世界中の希望者の私有地に着陸した時、闇の勢力はそれを止めることはできません。希望者の私有地への着陸なので、法的に問題はありません。公園や浜辺などの公共地への着陸はしません。

闇の勢力の支配下にある政府は、宇宙人や宇宙船の存在を隠したいので、大々的な攻撃を仕掛けることはできません。

世界中で一斉にファーストコンタクトが行われた後、人々が見たのは幻想や妄想であるとか、不自然な報道規制が行われる可能性はあります。闇の勢力は人類が宇宙人を怖がるように、恐ろしい怪物の姿の宇宙人が地球を侵略しにくるというストーリーの映画を作り続けてきました。今後、友好的なファーストコンタクトを妨害するために、ますますそのような映画や偽情報が広められる可能性があります。

プレアデス人が凶悪な宇宙人であるという間違った情報がネット上に流される可能性もあります。そのようなネガティブな情報に惑わされないことが大切です。

プレアデス人は完全な愛と光の宇宙人です。人間と同じ外見をしています。

I AM Presence（アイアムプレゼンス）

I AM Presence（アイアムプレゼンス）は「自分の魂」「本来の自分」「ハイアーセルフ（高次元の私）」のことです。どれも同じ意味で、「純粋な光の存在としての自分」です。I AM Presenceや自分の魂と繋がることが人生において最も重要なことです。

現実生活において、目先の利益や社会の慣習を優先して、I AM Presenceや魂の意図に反した行動をするのは、本末転倒です。

I AM Presenceは、虚しい気持ちや、間違ったことをしているという感覚を押し殺して生きることを求めてはいません。

I AM Presenceとの繋がりが強まるほど、人生は自然にうまくいくようになります。心身の健康、物質的豊かさ、現実を創造する能力、人間関係、生活環境、識別力、直感、攻撃からの保護、全てが改善していきます。シンクロニシティが増え、願いを具現化する能力が高まっていきます。自分が存在していることの意味が分かってきます。

自分のI AM Presenceとの繋がりを通して、アセンデッドマスターや銀河連合等の光の勢力とも意識が繋がりやすくなり、導きや保護を得られやすくなります。

I AM Presenceと一体化することで、アセンション（次元上昇）を達成できます。

そのために必要なことは、自分の感覚を信頼して、自分の魂に正直に生きることです。素直な気持ちを表現することです。魂の求めることを実行し、魂が求めていないことはしないことが大切です。瞑想をすることでも、I AM Presence と繋がりやすくなります。

この物質的な世界と魂の関係は、ゲームの中の世界とゲームのプレイヤーの関係と、そっくりです。ゲームの中で、主人公の目の前に迷宮がある時、主人公の視点だけでは、その迷宮をどう進んでいいか分からないかもしれません。でも、主人公を操作しているプレイヤーは、迷宮を俯瞰したり、攻略サイトを見たりして、攻略するための情報を容易に得ることができます。迷宮の曲がり角の先にモンスターがいて、主人公の視点からは見えない時でも、プレイヤーは迷宮を俯瞰できるので、モンスターの存在に気づけます。

現実世界も同じように出来ています。

もし、ゲームの主人公が、プレイヤーの導きを得られなくなり、ゲームの中の村や町の住民からの情報しか得られなくなったら、攻略の効率が急激に低下するはずです。そのままずっと攻略方法が分からなくなり、右往左往するしかない状態に陥る可能性もあります。それがこの現実の世界でも起きていることです。

自分の魂を見失い、他者から与えられた価値観や、マスコミや世間の風潮に流されて、人生に迷ったり苦しんで生きている人がとても多い世の中です。

ゲームの主人公は、本当の自分である、ゲームのプレイヤーと繋がることで、最も効率的に行動できます。

現実の世界でも、自分の魂と繋がることで、最大限の力を発揮することができます。今の自分の生き方が、良いのか悪いのか分からなくなったり、不安になったり、迷うことはなくなります。

魂と繋がれば、誰かから承認を得る必要はなく、相談しなくても、占い師に占ってもらわなくても、「私はこの生き方で合っている」という静かな力強い確信を得られます。

「私は自分らしく、今を生きている。宇宙的な必然性により、今、ここにいる」という心の底から納得できる感覚と、生きる喜びを感じられます。

この感覚が、**I AM Presence（アイアムプレゼンス）**と呼ばれるものです。

子供の頃は、誰もが自分の魂と繋がっていたはずです。無邪気で純粋な気持ちで生きていたはずです。

それが、中学生になる時、高校生になる時、大学生になる時、社会人になる時、人生の区切りで、自分の魂との繋がりを弱めていってしまう人がほとんどです。

魂の強い繋がりを保ったまま大人になる人はとても少ないです。

この社会や教育のシステムも、I AM Presence や魂と

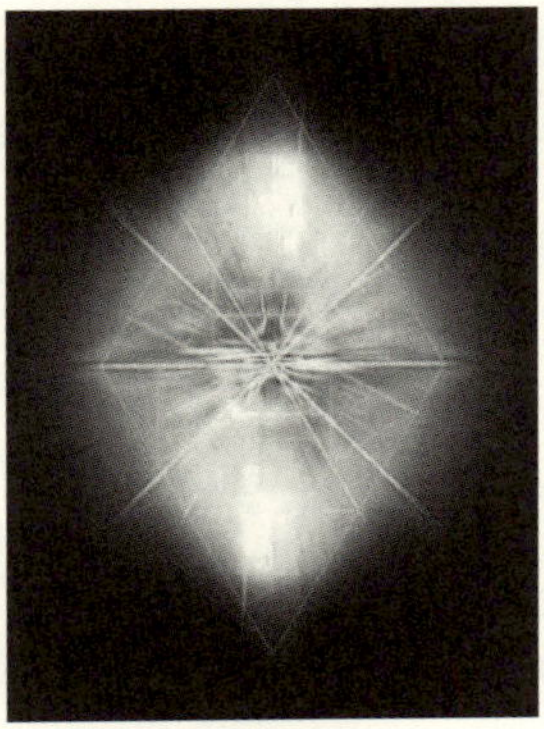

I AM Presence のイメージ

の繋がりを断たせることを意図したものばかりです。そのプログラミング・システムを作ってきたのは、アルコンです。

自分の信じる道を進み始める時、その道を否定する人や、批判してくる人は必ず出てきます。アルコンも、人々が目覚めて、魂と繋がって行動し始めることを防ぐために、霊的な次元から必死に足を引っ張ってきます。

時には、周囲からの批判を真に受けてしまい、不安になったり、落ち込むこともあるはずです。それでも、自分の魂を信じ続けて、進んでいく必要があります。

光の勢力も魂の目覚めを支援してくれます。

魂を現実世界の犠牲にするのではなく、自分の魂を信じて生きることで、やがて自分の魂がこの現実を作り替えていくようになります。

それは魂の勝利です。人に嫌われることや、人と離れることを恐れる必要はありません。嫌なことは嫌だと言っていいし、関わりたくないことに関わる必要もありません。会いたくない人とは会わなくてもいいし、良い人を演じたり、誰かの期待に応えようとする必要もありません。自分の心と体と魂を尊重することを優先していいのです。

多くの人は、自分と合っていない人間関係や環境を必死に維持しようとしています。「頑張って」生きています。でも本当は、虚しいと感じることを頑張って継続させる必要はありません。自分の魂が「それは不要だよ」と伝えているから虚しく感じられるのです。

虚しいことや、魂が嫌がっていることを手放すことで、自分の魂に近づくことができます。嫌なことや苦しいことをして幸せを摑もうとするのではなく、勇気を出して不要なものを「手放す」ことができれば、空になった手に、自分に必要なものが自然にやってきます。

頭では「この仕事を今やめたらお金がなくなって大変なことになり、人生を棒に振ってしまうかもしれない」という予測や計算をしていたとしても、魂が「早くこの仕事をやめるべきだ。もっと良い生き方があるじゃないか」と求めているなら、魂に従った方が必ずうまくいきます。

魂に不可能はなく、魂と繋がれば簡単に奇跡が起きるようになり、奇跡は日常のものとなります。

アセンデッドマスターのサン・ジェルマンについて書かれた、『明かされた秘密』や『マジック・プレゼンス』（共に、ゴッドフリー・レイ・キング著）にも、I AM Presence の詳しい説明が書かれているので関心のある方は読んでみてください。

プロテクションワーク その⑱

I AM Presence と繋がる瞑想

I AM Presence と繋がる方法を紹介します。
この瞑想は、自由な体勢で行ってかまいません。

上空の銀河連合の母船から降ろされる金色の光の柱と、上空からのI AM Presenceの白い光の柱をそれぞれ明確にイメージし、次の言葉を唱えます。

「純粋な白い光の柱に呼びかけます。
私のもとに降りてきて、私の周りに白い光の柱を作ってください。
私が私である存在に呼びかけます。
私と繋がり、一つになってください」

そして、金色の光の柱を通って、自分のI AM Presenceの白い光の柱が降りてきて、自分の体と合体していることをイメージします。

感情は魂からのメッセージ

感情は魂の世界と繋がっているため、闇の勢力は人類の感情自体に影響を与えることはできません。そのため、闇の勢力は感情を抑圧することを強いる社会システムを作ってきました。感情を表に出す人がいたら「子供っぽい」とか「幼稚」というふうに批判されるようにプログラミングされています。多くの人が自分の感情と繋がり、純粋な感情に従って行動し始めたら、インプラントは部分的に解消され、アルコンやイルミナティが作り上げたマトリックス（仮想空間としての社会）は崩壊します。自分の感情を抑圧したり否定するのではなく、好きなことや嫌いなこと、喜びも怒りも表現することが大切です。女性がパワフルなのは、自分の感情と繋がっているからです。

好きとか楽しいという感情だけ表現して、怒りや嫌いという感情を抑圧することは不健康です。レイプや言葉の暴力によるトラウマ的な記憶に悩まされている時は、立って全身と両手を使ってネガティブなエネルギーを吹き飛ばして相手に送り返しましょう。

スピリチュアルな人は怒ってはいけないといった考えは間違いです。間違ったことに対して怒りの感情を表現し、感情を解放することは自然で大切なことです。

全ての感情は意味があって生じている魂からのメッセージです。

感情を抑圧すると、アストラル体（感情体）のエネルギーの流れが詰まって淀んでしまい、振動数が低下します。振動数が低くなることで、低層アストラル界に生息するアルコンやレプティリアンの影響を受けやすくなります。トラウマ的な感情エネルギーを長期間にわたって抑圧することで、エネルギーフィールドに強い歪みが生じ、ドラコニアンやレプティリアンに憑依されることもあります。

嫌いとか怒りという感情は、魂に反する歪んだ物事に対する自然な反応です。それを抑圧するのは体の免疫システムを停止させるのと同じことで、危険な状態です。アストラル体の免疫が働かず、アストラル体や周囲のアストラル界にネガティブなエネルギーの侵入を許してしまいます。そうならないように、全ての感情を表現し、ずっと我慢していた気持ちを解放し、嫌なことは拒否して、アストラル体を浄化することが大切です。

アストラル体の浄化のためには、まずは感情に関する間違った信念体系を除去することが大切です。ネガティブな感情を感じることや表現することが間違ったことであるという信念を捨て去ります。いつでも自分の感情を自由に表現すればいいだけです。ポジティブであってもネガティブであっても、どちらも自然な大切な感情だと認識することです。自分の魂がある物事に対して嫌がっていることが分かったら、その感情を尊重して、嫌なことと関わらないようにしたり、拒否するという行動に移すことができます。そうすることで魂からのエネルギーがメンタル体（精神体）やアストラル体（感情体）を通って、物質界で表現されます。魂、メンタル体、アストラル体、肉体の間でエネルギーの循環が円滑に行われることが魂と繋がって生きている状態です。

アストラル体を発達させるためには美的感覚を養うことも大切です。美しい芸術、音楽、文学や自然や光や自然の音から学ぶことができます。神聖幾何学のような絶対的な美しさが存在します。

J・S・バッハの曲はあらゆる音楽の中でも特に強力な神聖幾何学的な美しさを持っています。

ポーランド出身のピアニスト、ミェチスワフ・ホルショフスキの演奏するフランス組曲第6番、ハンガリー出身のピアニスト、アンドラーシュ・シフの演奏するゴルトベルク変奏曲、晩年のユーディ・メニューインの無伴奏バイオリンのためのパルティータ2番、フィリップ・ヘレヴェッへの指揮するマタイ受難曲が特に美しいエネルギーを持っています。

現代の音楽でバッハに近い美しさや豊かな感情を兼ね備えているのはステファン・グラッペリの音楽です。織田哲郎、小沢健二、石田ショーキチ（スパイラル・ライフ、スクーデリアエレクトロ）、すぎやまこういち（ドラゴンクエスト）、ブライアン・ウィルソン（ビーチボーイズ）、アントニオ・カルロス・ジョビンの音楽にも神聖幾何学的な美しさが含まれています。Loverush UK! の「Tonight in Babylon」にはイベントへと繋がるブレイクスルーのエネルギーが含まれています。

音楽は調和的な周波数である432ヘルツにチューニングされたものを聴くと、より良い効果が得られます。

即興演奏（アドリブ）をするジャズには自由意志と感情を調和させる強力なエネルギーが含まれています。

洗練された音楽家はこちらです。

ジャンゴ・ラインハルト、スタン・ゲッツ、ビル・エヴァンス、ミシェル・ペトルチアーニ、フランク・アヴィタビレ、ラーシュ・ヤンソン、ロベルト・オルサー、ストーケロ・ローゼンバーグ、松田美緒。

車の音、駅や建物内の放送、テレビ、パソコン、エアコン、その他の機械音や電子音、人工的な音ばかり聴いているとアストラル体に悪影響を与えます。

自然の森や川や海の音、鳥の鳴き声も心を自然な状態に戻してくれます。

ワクワクする気持ちの秘密：奇跡を当たり前の出来事にする

自分がどのように生きていけばいいか分からない時は、ワクワクすることをしてみてください。

心の底から好きなこと、楽しいこと、やりがいを感じること。それこそが、魂が求めていることです。これは人生にとって必要だろうか、有意義だろうか、そういう計算や損得勘定は必要ありません。心がワクワクするなら、ただそれを実行すればいいのです。

もちろん、人を不快にさせることをするのはよくありませんが、基本的に、そのようなことに対してワクワクすることはないはずです。ワクワクすることは、心が軽くなったり、元気が出たり、心地よい感覚で満たされることです。ワクワクすることを実践し始めた最初のうちは、本当のワクワクする気持ちではないことを選んでしまうこともありますが、段々と、どれが魂の求めている本当のワクワクする感覚か分かってきます。魂が求めていることなら、スイスイとうまくいきます。

魂が求めていないことは、不思議なくらい進展しないことが多いです。

ワクワクすることは娯楽とは限りません。ワクワクする仕事や勉強や家事もあります。

今はサイクリングをしたいからサイクリングに出かける、その後は、お風呂に入りたいからお風呂に入る。そんなシンプルなことの積み重ねでいいのです。

虚しくなること、すぐに疲れること、ケガや病気がちになること、体が痛むこと、トラブル続きになること、人間関係で摩擦や衝突が増えること、全く楽しくないことは、魂が求めていないことだからそうなるので、しなくて良いということです。

魂が求めている生き方をしている時は、生きがいを感じ、一日中動いていても、ほとんど疲れなかったり、健康でいられたり、シンクロニシティや奇跡的なことが起きたり、スムーズに物事が運んだりします。

魂の求める生き方をしていれば、奇跡やシンクロニシティは日常的に起きます。

奇跡が起きても、特に驚かなくなります。

重要なことは、この法則をどこまで信頼できるか、です。

ワクワクして生きていたら、堕落するだけじゃないかとか、ほどほどでいいんじゃないか、という考えを抱くかもしれません。もちろん、そう考えるのは自由です。

ワクワクする気持ちをどこまでも大切して、妥協しないほど、魂との繋がりが強化されます。

ワクワクすることを実行して、その効果を感じられるようになると、やがて、ワクワクして生きることに対する不安や疑いは消えていきます。

小さなワクワクする気持ちを実行していくと、新たなワクワクすることに出会い、ワクワクすることの連鎖が起きていきます。芋づる式に、魂への道が開けていきます。

投げやりな気持ちで享楽にふけるとか、現実逃避をすることと、魂のワクワクする感覚を感じ取って生きることは全く違います。

ワクワクする気持ちを大切にすることは、自分の魂を尊重して生きることです。

I AM Presence へと続く道です。

そして、宇宙的な必然性や計画性の中に、自分のワクワクする気持ちが存在することに気付いていきます。自分のワクワクを追求することは、同時に、世界や宇宙と調和していく生き方でもあります。

レジスタンス・ムーブメントから地上の人々へのアドバイス

1．自然の中で過ごす時間をとる。

日々の生活の中から苦痛を減らすためのアドバイスを紹介します。

2. 美しいものやひらめきに意識を向ける。
3. 趣味を追求する。
4. 電子メディアに触れる時間を減らす。陰謀論系のニュースサイトも同様に。
5. 好きな音楽を聞く。
6. 気の合う人たちと充実した時間を過ごす。

第5章

行動する人にだけ
必要な情報が
与えられる

高次のエネルギーを身体に取り込むために何をしたらよいのか

宇宙の中で地球人だけがしている：肉食の影響

肉や魚などの動物性食品を食べると、動物が殺された時に感じた恐怖や怒りなどの感情のエネルギーも一緒に取り込むことになり、感情や精神に悪影響を与えます。

以下にその例を挙げます。

・体の振動数が低下し、ネガティブな物事との縁が出来やすくなる。
・怒り、悲しみ、恐怖心などのネガティブな感情が起きやすくなる。
・動物的な欲望や、暴力的な衝動に振り回されやすくなる。
・意識が物質界に固定され、霊的な次元や高次元の世界に否定的になる。
・繊細な感情や感覚、女神のエネルギーが抑圧される。

・ネガティブな霊と繋がりやすくなり、ネガティブな霊からの影響を受けやすくなる。
肉類だけでなく、遺伝子組み換え食品、食品添加物、農薬などの化学的なものを摂取した時にも、このような影響を受けやすいです。

肉を食べていた頃はイライラしたり怒ったり落ち込んだり、欲望に振り回されていたのに、肉を食べるのをやめてヴィーガン（完全菜食）になると、ネガティブな感情が消えてしまい、落ち込むこともなくなり、心が楽になったという人は多いです。

食べ物は、心や精神状態に大きな影響を与えます。

感情や精神が不調な人、霊的な悪影響を受けやすい人は、食生活を改善したり、少しずつ肉を食べることを減らしていくことで、良い変化が起きることが多いです。

地球以外の星の住人も、肉食はしません。家畜も存在しないし、動物を殺すこともしません。宇宙の中で地球人だけが、肉食をしているのが現状です。

アセンデッドマスターのサン・ジェルマンも、家畜を殺して食べる地上のシステムを批判しています。

動物が殺される時の映像をネット等で見ることができます。肉がどのように作られるかを見ることで、肉を食べるということは、動物を殺して、その死体を食べているという現実を知ることができます。

植物も動物も同じだから、菜食も肉食も同じだという考えがありますが、これは間違いです。植物にはアストラル体（感情体）が無いため、摘んで食べてもアストラル界を汚染することはありません。

一方、動物はアストラル体を持っているため、殺される時に強い悲しみや怒りの感情を発し、周辺のアストラル界を汚染します。肉に残っているネガティブな感情により、肉を食べた人のアストラル体にも悪影響を与えます。

牧場から屠殺場に連れて行かれる時、牛は自分がどうなるかを理解して涙を流すことがあります。これは牛が、人間と同じ感情を持っていることの証です。

そのため、肉食より菜食の方がアストラル界を汚染せず、自分のアストラル体の振動数を落とさずに済むのです。

ベジタリアン（元気な人）とヴィーガン

「ベジタリアン」とは、肉や魚介を食べない人のことです。卵や乳製品を食べることはあります。

「ヴィーガン」は、完全菜食者のことです。全ての動物性食品を食べない人です。肉、魚介、卵、乳製品を食べません。植物性のものだけを食べる人です。

ベジタリアンという言葉は、ベジタブル（野菜）を食べる人という意味ではありません。ラテン語のベジタス（元気な人）が元になっており、「元気な人」という意味があります。

肉を食べなかったら、筋力が衰えたり、元気が出なくなるのでは？　という心配をする人は多いですが、ヴィーガンのプロアスリートは珍しくありません。

ボクシング世界王者のティモシー・ブラッドリー、オリンピック金メダリストのカール・ルイス、女子テニス世界ランキング1位のヴィーナス・ウィリアムズ、アメフトのトップリーグの選手デイビッド・カーター等。

ヴィーガンでも、世界一のアスリートになれるのです。

アメリカで、3522キロを46日間かけて走破して世界記録を樹立した、スコット・ジュレクも、15年間、完全菜食者のヴィーガンです。

この大会では、毎日80キロ以上を走ったことになります。

彼はヴィーガンになってからの方が、活力がみなぎるようになり、体力やケガの回復も早くなり、肌も綺麗になり若返ったと言います。まさに、ベジタリアンは元気な人です。

動物の世界を見ても、地上で最も体が大きくて強い動物はゾウ、サイ、カバです。

これらは皆、草食動物です。つまり地上の最強の動物は、草食動物だということです。

体が大きくて強そうなゴリラも、フルーツや野菜が主食です。牛や馬も草食です。

こういった事実から分かるように、筋肉や体の大きさは、肉を食べなくても得られるのです。

ベジタリアンになって筋肉量が減ったり、痩(や)せる人がいるのは、タンパク質が不足している
わけではなく、単純に食べる量が少なくて、カロリー不足なだけだとスコット・ジュレクは話
しています。つまり、野菜やフルーツやナッツをしっかり食べれば問題はないのです。

タキオンヒーリングチェンバーを利用した人々の中には、その後、体質が自然に変化して、
肉を食べる気がしなくなったという人が何人かいます。

タキオンヒーリングチェンバーには、人の振動数を高める効果があるからです。

振動数の低い肉を、体が受け付けることができなくなったようです。

人間に近い動物の肉ほど、食べると、殺された時のネガティブな感情エネルギーの影響を受
けます。

影響力が強い順に、クジラ、イルカ、牛、豚、鶏、大型魚、小魚やその他の魚介類。

卵や乳製品も、肉ほどではありませんが、食べると振動数を下げます。

体の振動数が高まると、体の感覚が敏感になり、それぞれの食べ物の生命エネルギーや、振
動数の高さを、ある程度、把握できるようになっていきます。

農薬や肥料を使っていない、新鮮な非加熱の食品ほど、生命力が溢れています。

一方、食品添加物や遺伝子組み換え食品や、酸化した油など、体に良くないものは、体が受
け付けなくなっていきます。

霊的な進化が進めば、自然に、肉を避けるようになり、その時には体も肉を必要としなくな

ります。

アセンションプロセスが始まれば、多くの人がそのような体質の変化を経験するようになります。

本来の主食はフルーツ：人間はフルーツ食のゴリラやオランウータンに近い

人間と他の動物の生理機能を比較すると、人間は、肉食動物（熊やネコ）や雑食動物（ネズミや豚）や草食動物（牛や馬）とは似ていません。果食（フルーツ食）動物であるゴリラやオラウータンに近いです。見た目も、似ています。

肉食動物や雑食動物の唾液は酸性で、草食動物や果食動物の唾液はアルカリ性です。人間の唾液もアルカリ性です。

これは、人間の体が植物性のものを食べるように出来ていることを示しています。

小動物や牛を見た時に、それらの動物を殺して、嚙（か）みついて食べたいという本能や衝動を持っている人間はいないと思います。狩猟をする文化と、生まれつきの本能は違います。

そもそも、人間の体には、動物を傷つけるための鋭い牙や爪はありません。

人間の手の形は、木登りをしたり、木になっているフルーツをもぎとるのに適しています。

人間の体は、肉よりも、フルーツや野菜を食べるために出来ているということです。

人間は甘いものが好きですが、これはフルーツを食べたいという生理的な欲求を表しています。

自然界には砂糖やお菓子は存在せず、自然界の甘いものといえばフルーツだからです。

フルーツは、他の動物に食べてもらうことを意図して、存在します。

甘い香りや、鮮やかな色は、他の動物に見つけてもらって、食べてもらうためのものです。

食べ物の中で、「どうぞ私を食べてください」という姿勢のものは、フルーツだけです。

動物に食べてもらい、種を遠くに運んでもらうことをフルーツは意図しています。

そのため、種を噛み砕いて食べられてしまうと、植物は困るので、種には基本的に毒が含まれています。種は食べない方がいいのです。

フルーツを食べると、他の食べ物にはない爽快感を得られるはずです。

食後に胸やけや胃もたれをすることも、眠くなることもありません。

人間の本来の主食であるフルーツ

お腹の調子が良くなったり、便通が良くなったりもします。

1日に1回以上、フルーツを食べる食生活をするのはとてもおすすめです。

フルーツを食べる時は、できるだけ無農薬のものを選ぶことが大切です。

無農薬の果物は自然食品店や、ネットで販売されていることも多いです。

柑橘類はネットで無農薬のものが安く手に入りやすいです。

プレアデス人も基本的に食事はしないのですが、フルーツだけは食べることもあるそうです。

(参考書籍:『新・健康学「偏食」のすすめ―ヒトは果物を食べるように生まれついている』永樂和重著　教育評論社)

自然栽培

一般的に手に入る食品の中で、最も良いエネルギーを持った食品は、**自然栽培**のフルーツです。その次に自然栽培の野菜、お米、味噌、お酒等があります。

「自然栽培」というのは、農薬や肥料を使わずに育てた農産物のことです。

「奇跡のリンゴ」の木村秋則さんが有名な自然栽培の農家です。

一般的なスーパーに置かれている野菜やフルーツには化学肥料と農薬が使われています。

一般的な自然食品店に置かれている野菜やフルーツは、有機栽培が多いです。無農薬や省農薬で育てられたものが多く、動物性肥料が使われていることも多いです。

自然栽培は、無農薬だけでなく、肥料も使わないことが特徴です。

自然栽培と有機栽培を食べ比べると、味の美味しさや、エネルギーの純粋さや生命力の強さで、自然栽培が勝ることが多いです。

自然栽培の野菜やフルーツを置いている店は少ないです。最も有名なお店は、「ナチュラルハーモニー」です。首都圏にあります。

自然栽培の農家がネットで野菜セットを販売していることも多いです。

自然栽培の食品を食べると、とても軽くて優しい感じや、自然の生命力を感じられます。味もとても美味しいです。そして、自然に感謝の心が沸き起こってきます。

自然栽培の食品は、少量でも満足感が得られます。

意識に良い影響を与えられる素晴らしい食品です。

生きた食べ物　ローフード

非加熱の新鮮な野菜やフルーツやナッツを**「ローフード」（RAW　FOOD＝生の食品）**と呼びます。

食べ物は、焼いたり煮たりして加熱すると、生命力を失ってしまいます。

ローフードをよく食べることで、体に活力、肌の美しさ、そして、オーラの輝きをもたらすことができます。

よく、食後はとても眠くなってしまうという人がいますが、加熱したものを食べて体が消化するのに疲れるから、眠くなります。ローフードなら通常、眠くなりません。

動物性食品はとらずにローフードを積極的に食べる食事法を**「ナチュラルハイジーン」**や、**「ローヴィーガン」**と呼びます。

こうした食事法を実践する人々の多くは、肌やオーラが綺麗に輝いています。

日本のベジタリアンのレストランに行くと、全ての食品が焼かれたり揚げられたりして、加熱されていることも多いですが、生の食品には素晴らしい利点があるので日々の食生活に取り入れてみてください。

自分で野菜やフルーツを絞ってジュースを作るのもおすすめです。

私のお気に入りはリンゴ、ニンジン、ケール、レモンを組み合わせたジュースです。

ジューサーがなくても、ミキサーに入れて、布で漉(こ)して作ることもできます。

市販の濃縮還元ジュースと、手作りの果物ジュースは、全く違うものです。

非加熱の食材だけを使ったお菓子を「ロースイーツ」と呼びます。

「ローチョコレート」とか、「ローケーキ」というものもあります。

美味しくて、生命力のあるお菓子です。

体に悪いものを避ける

私たちの周りには体に悪いものがたくさん存在しています。

それは不健康なだけでなく、人の振動数を下げ、意識に悪影響を与え、魂との繋がりを弱めてしまう効果があります。

できるだけ体に悪いものを避けた方がいいでしょう。

・ワクチン

最も気をつける必要のあるものが、ワクチンです。

ワクチンには、様々な有害物質や不自然な物質が含まれています。

水銀、ホルムアルデヒド、アルミニウム、グルタミン酸ナトリウム、動物由来の細胞やDNA、中絶胎児由来の人間のDNA、人のアルブミンなどが、ワクチン接種によって、血液中に入ってきます。

これらの物質の有害性や危険性を指摘する医師やジャーナリストは多いです。

実際に、ワクチンの副作用により、死者や重度の後遺症を負った人は大勢います。

強い副作用が発生する危険性がある「劇薬」だと、ワクチンの添付文書に明記されています。

ワクチンを接種していない子供に比べて、ワクチンを接種した子供にはアレルギー、アトピー、花粉症、喘息、ＡＤＨＤ（注意欠陥・多動性障害）、てんかん、自閉症、側弯（そくわん）症、慢性中耳炎、その他の病気や異常が増えたというアメリカやドイツでの調査結果もあります。

内海聡医師は、著書『ワクチン不要論』（フォレスト出版）の中でこのように述べています。

〝もっとも重要なことは「ワクチンのすべてが効かない」ということです。これはもう例外なくどれもこれも効きませんし、ペットのワクチンであっても畜産されているものに打たれているものであっても効きません。外国に行くときに打たされるものであっても効きません。本当にトコトンまで効きません〟

私たちには、全てのワクチンを拒否する権利があります。

ワクチンに限らず、体内に入る全てのものに対して意識的になり、安全性を調べる必要があります。

・遺伝子組み換え食品と食品添加物

遺伝子組み換えコーンを食べさせ続けたマウスたちに、巨大な腫瘍ができたというフランスの実験結果があります。同時に実験した、遺伝子組み換えではないコーンを食べ続けたマウスと比べても明らかな差があったそうです。

このようなものは、避けた方がいいに決まっています。

現在では、あらゆる食品に遺伝子組み換えの原料が使われています。

例えば、甘味料として使われる添加物の、ブドウ糖、果糖、異性化糖等は、遺伝子組み換えコーンや遺伝子組み換え馬鈴薯（じゃがいも）が原料の可能性があります。

これらは、ジュース、お菓子、惣菜、ドレッシング、めんつゆ、その他のあらゆる加工食品に使われています。

他にも、サラダ油、植物油脂、マーガリン、ショートニング、乳化剤、レシチン、醸造用アルコール、醸造酢、たんぱく加水分解物、ビタミンE、カラメル色素、調味料（アミノ酸等）、アスパルテーム、増粘剤、ビタミンC等。

これらにも、遺伝子組み換え原料や遺伝子組み換え技術が使われている可能性があります。

遺伝子組み換え食品を避けるためには、食品添加物を全て避けた方がいいでしょう。

食品添加物は、スーパー、コンビニのお弁当やパンや加工食品だけでなく、全国チェーンのファストフード店、ファミリーレストラン、回転寿司、デパートの地下の惣菜、冷凍食品にも使われています。

粉ミルクにもたくさんの添加物が使われています。

つまり、売られているほとんどの加工食品に、遺伝子組み換え食品由来の食品添加物が使われている可能性があるということです。

家畜の飼料にも、遺伝子組み換え飼料が使われています。

その場合、肉や牛乳、乳製品、卵にも注意する必要があります。

遺伝子組み換え飼料を使っていない生産者は、ラベルに「遺伝子組み換え飼料不使用」と表示していることがほとんどです。

（参考サイト「サルでもわかる遺伝子組み換え」）

・ポストハーベスト農薬

輸入小麦や輸入果物には、輸送中に虫やカビが繁殖しないように、強力な殺虫剤がかけられます。これは、通常の農薬の１００倍以上、危険だと言われています。

国産小麦と書かれていないパンや麺類等の小麦製品は基本的に輸入小麦を使っています。

輸入小麦を使っていたパン屋の主人が、小麦アレルギーを発症してしまい、国産小麦に切り替えてみると、アレルギーを発症しなくなったという話があります。

パンや果物を買う時は、国産のものが良いでしょう。

・フッ素

フッ素は松果体の働きを弱め、自分の魂・ハイアーセルフとの繋がりを阻害します。

その結果、直感や判断力や知性が鈍り、高次元からの導きを得ることが難しくなります。

ナチスが強制収容所の水道水にフッ素を添加したのは、そのことを知っていたからだと言われています。

フッ素は主に歯磨き粉、焦げ付き防止をうたうフライパンや鍋などに使われています。

歯科医院でも虫歯予防としてフッ素塗布をしますが、歯科医の中には、フッ素の毒性に気づき、フッ素の使用を中止したり、フッ素の撲滅を呼びかけているところもあります。

フッ素も気をつけましょう。

・シャンプー

一般的なシャンプーの原材料表示を見ると、たくさんの化学薬品が使われていることが分かります。

シャンプーを飲んだりすることはできませんが、飲んだら危険なものを、頭に塗ってもいいのでしょうか?

禁煙を補助するニコチンパッチは、皮膚からニコチンを吸収させることにより、禁煙時のイライラを防ぐとされています。このように、皮膚に塗られたものは体の中に入り、血管を通って全身を巡ります。シャンプーで頭を洗う時もそれと同じことが起きます。

産科医や助産師の方も、出産時の女性の羊水から、シャンプーや石油系の化学物質の匂いがしたり、化学薬品のような不自然な色の羊水であることは、たまにあると話しています。これは都市伝説や噂ではなく、実際に報告されています。

化学薬品で髪を染めたりパーマ液を使用したりするのも同じことなので、できるだけ避けた方がいいでしょう。

このような、肌から入る有害物質を**「経皮毒」**と呼びます。

私はシャンプーや石鹸（せっけん）は使わず、ココナッツオイルをシャンプーとして使っています。

食用の良い香りのするココナッツオイルを小さじ1～2杯ほど、頭皮や髪に馴染ませてから、お湯で洗い流すだけです。

私はもう3年以上、洗髪にはココナッツオイルしか使っていませんが、全く問題はありません。

ココナッツオイルは通常、パンに塗ったりお菓子を作る時に使う天然の油なので、体にも安全です。頭を洗った後にココナッツの香りがするのも良いです。

毎日、ココナッツオイルで洗髪する必要はなく、夏なら1週間に1～2回、冬は1か月に1～2回で大丈夫です。普段はお湯で流すだけでいいのです。

シャンプーを毎日しないと頭が臭くなるというのは、一般的なシャンプーを使う時に起きるようです。

ちなみに、頭髪は、高次元のエネルギーを受け取ったり、伝えることができるアンテナとして機能します。そのため、アルコンは人類がスピリチュアルな意識を持たないようにするために、短髪や丸坊主にすることを広めてきました。

長髪にすることで高次元と繋がりやすくなり、直観力や霊力が強化されます。

体にできるだけ化学物質を入れたくないという理由で、私は石鹸やボディソープで体を洗うこともやめました。

体臭の主な原因は、動物性食品や油っこい食べ物によるもので、そういった食品を避けているヴィーガンの人は基本的に体臭がありません。

垢を落としたければ、体を濡れた柔らかいタオルで拭くだけで充分です。

化学薬品で体を殺菌したり、肌をナイロンのタオルで強くこすったりすると、肌を守るバリアの役割を果たしていた皮膚の常在菌がいなくなり、くさい匂いを出す菌が繁殖しやすくなってしまいます。そのため、体は殺菌せず、強く洗わない方がいいのです。

・電磁波

あらゆる電化製品から電磁波が出ていますが、頭に近づけて使うスマートフォンや携帯電話は特に注意する必要があります。長期間使い続けると脳腫瘍リスクが増すという調査結果もあります。そのため、できるだけ通話は減らした方が良いでしょう。

子供がスマートフォンばかりして、食事中もスマートフォンを見ているとしたら、それは闇の勢力の狙い通りです。

現実の人間関係の交流を減らし、人間的な感情を体験する機会を減らすために、闇の勢力は世界中にスマートフォンを広めています。

オンラインゲームやＳＮＳばかりで、現実の交友関係が希薄になるのもよくありません。実際に人と会って話したり、出かける時間を持つことはとても大切です。

アルコンが地球に侵攻してきた１９９６年以降に生まれた子供は、それまでの地球に存在していたポジティブなエネルギーを体感したことがありません。

若い人は現代の音楽や文化だけでなく、１９９６年以前の音楽や文化にも触れてみてください。

現代では失われた純粋な光のエネルギーを含むものが多く見つかります。例えば、小沢健二の「ＬＩＦＥ」やSPIRAL LIFEの「20th Century Flight」には１９９６年のアルコン侵攻前の地球にあった高次元に繋がる純粋な光のエネルギーが含まれています。

また、スマートフォンは、ネガティブなプラズマを発生させる装置でもあります。そのため、スマートフォンの使用はほどほどにした方が良いでしょう。

散歩やサイクリングをしたり、日光を浴びたり、木や土のあるところで休憩することで、ネット上のマトリックス（仮想空間）から自分の意識を解放させることができます。

他に気をつけたいものは、ハイブリッド自動車、新幹線の窓際席、飛行機、鉄塔の近く、家庭ではＩＨ調理器、電子レンジ、電気こたつ、電気カーペットです。

１９９１年のアメリカで、輸血用の血液を電子レンジで温めてから輸血したら、患者が亡くなったという事件がありました。電子レンジはただ物を温めるだけではなくて、物質を変性させる作用があるということが分かります。私は絶対に電子レンジを使いません。

・塩素

水道水に含まれている塩素も体に良くありません。

元自衛隊の池田整治さんは、自衛隊勤務中に、基地のための水道水を点検していたアメリカの海兵隊からこう言われたそうです。

「日本の水道水には毒が入っているから使えない。塩素が入っている。私たちはとても飲めない」。米軍が、塩素に対してこのような認識を持っていることを知っておくことは重要なことだと思います。実際、第一次世界大戦で、ドイツ軍は塩素ガスを使用し、連合軍の兵士5000人以上が死にました。

塩素の除去のためには、浄水器を使ったり、お風呂上りには塩素除去シャワーのお湯を浴びることで、ある程度、対策ができます。

塩素除去シャワーは簡単に取りつけることができます。安価で、長持ちし、髪が傷みにくくなります。

・薬

薬は対症療法であり、症状を抑えることしかできません。

しかし、症状は体の自然な反応であって、抑えるべきものではありません。

病気が治るのは、私たちの体の自然治癒能力によるものです。

薬が治すわけではありません。

近代医学を支配してきたロックフェラーは、自身では絶対に医薬品を飲まず、ホメオパシーだけを信頼していたと言われています。自分で広めてきた医薬品の正体が、どういうものであるかを知っていたからではないでしょうか。

・その他

制汗スプレー、芳香剤、消臭剤、洗剤、柔軟剤、化粧品、石油由来の生理用品（紙ナプキン）等。化学物質が使われているものはできるだけ避けた方がいいでしょう。

有害な食品や化学物質を避ける生活を続けていると、味覚や体質が正常な状態に戻ります。

そして、たまに有害な食品を食べた時に、強烈な不味さを感じたり、胸やけや胃もたれがして気持ち悪くなったり、お腹が痛くなることがあります。これは過敏体質とか異常な体質になったわけではなく、これが本来の自然な反応です。

本来、食事をしたり、体内に何かを入れるということは、とても神聖な活動であるはずです。

神社やお寺にお参りする人はいても、自分の体という神殿へのお供え物に敬意を払わない人は多いです。

人の健康よりも商業的な都合を優先して作られた食品を食べることは、できるだけ減らしましょう。できるだけ自分で食材を選んで、自分で料理することが大切です。体に入れるものについて意識的になり、自分の体を尊重することを意識して生活することで、実際に、体や意識は神聖なエネルギーを持つようになっていきます。

自然な食事で人生の新しいステージへ

ベジタリアンやヴィーガンになり、できるだけ自然なものを食べるようにすると、それまでの人間関係や生活環境が大きく変化していくことがあります。

肉を食べていた頃の友人とは、縁がなくなってしまい、自然に疎遠になることも珍しくありません。急に引越しをしたり、転職をしたり、人生が変化していくこともあります。

それは、肉の重いエネルギーを体に取り込まなくなったことで、体の振動周波数や波動が上がり、以前よりも振動周波数の高い世界へと移動したからです。

振動数が高い世界の特徴

ポジティブ、自由、自分らしい生き方、幸せ、平和、健康、軽快、喜び、愛情豊か、自然、願いが実現しやすい、素直、清潔、美しい、明るい、生きがい、充実感、柔軟、自信、奇跡、希望、仲間、一体感、テレパシー的なコミュニケーション、調和、シンクロニシティが起きやすい……

食事を変えるだけで、人は住む次元や世界を選ぶことができます。新しい世界を選べば、そこにも必ず、新たな出会いがあり、新たな仲間があなたを待っているはずです。

マトリックス(仮想現実)からの解放のために

病気の原因

病気の本当の原因は、高次元のエネルギー体や感情や精神にあります。

未解決の感情的な問題や、間違った信念体系を持つことで、ソースや魂との繋がりが阻害されます。

肉体に高次元からの健康的な正常なエネルギーが供給されなくなることで、病気や体の痛みが引き起こされます。

肉体から有害な物質を除去(デトックス)し、プラズマ体を浄化し、感情問題を癒し、間違った信念体系を手放すことで、ソースや魂との繋がりが回復します。

そして、ソースや魂との繋がりを維持している限りは、病気にかかったり、体が慢性的に痛むことはなくなります。

多くの人は、物質界や肉体のことしか考慮しないので、効果的なヒーリングが起きにくいです。物質界だけでなく、感情や精神的な部分も含めて、総合的に改善していくことが重要です。

感謝の力

感謝の心を持つことで魂の世界へと意識が開かれます。そして、自分や周囲の振動数が高くなります。

今、この瞬間、生きることができているのは、自分の力によるものだけではありません。銀河、太陽、地球、月、海、大地、石、木々、虫、動物、空気、電気、光、水、食べ物、家、服、家族、友人、働く人、音楽、芸術、学術、そして宇宙にいる銀河連合、アセンデッドマスター、天使、女神、スピリチュアルガイド、ツインソウル、ソウルメイト、ソウルファミリー……

あらゆる存在が調和していることで、私たちは生きられます。

思いつく限りの、あらゆる存在に「ありがとう」と感謝の気持ちを送ることで、宇宙のあらゆる存在との神聖な繋がりを再創造し、一体感を感じられるようになります。

一体感、ワンネス、全てが一つであるという感覚が、魂の世界の感覚です。

全ての存在は同じ宇宙の根源（ソース）から発生しました。

私もあなたも、鉱物も植物も動物も、宇宙人も、天使も、起源は同じ一つの存在です。

無数の葉をつけた大木のように、どの葉も、同じ木の一部です。

家族や友人や、お世話になった人には気軽に感謝の気持ちを伝えましょう。

花や草木や自然、土地、街、公園、家であっても、感謝の気持ちを送ると、喜んでくれます。

そして、実際にエネルギー状態や雰囲気が良くなっていきます。

動物にも感謝の言葉や想いは伝わります。

自分の体にも、感謝の気持ちを伝えるのも良いことです。

心臓、血液、神経、筋肉、骨、脳、内臓、目、手、足、……

あらゆる器官や細胞が働いてくれているおかげで、私たちは生きていられます。

体が痛む時には、いつもありがとう、と体に感謝の気持ちを伝えることで、その瞬間に痛みが消えることもあります。

実現したい願い事がある時は、その願いが実現した時をイメージして、「願いが叶いました。ありがとう」と言うことで、その未来の願いが実現した状況と、神聖な繋がりが出来て、実現しやすくなります。

人生が辛い時、嫌なことばかり起きて苦しい時、そんな時にも感謝の心を思い出すことで、状況は改善していきます。

苦しい状況や嫌な事に感謝するということではなく、今、空気や地球や太陽があるから生きていられるという基本的なことや、自分を支えてくれている家族や友人や、些細なことに感謝するだけでも、瞬時に魂の世界と繋がることができます。

意識の振動数が高くなることで、高次元のエネルギーが流れ込み、状況を改善させるためのひらめきを得たり、流れが変わっていきます。

具現化（マニフェステーション）の法則

願いを具現化するための基本的な順序を紹介します。
これは物理的な法則なので、正しく実践すれば実現することが保証されています。

1. 意志決定　望むことを明確にして、決意します。自分の欲しいものや、したいことを決めます。ポジティブで重要な目的ほど実現しやすくなります。アルコンは人々が自分の欲求を抑圧して、無欲で生きるようにプログラミングしてきましたが、欲求は、本来の自分を表現するための大切なものです。自分の望みや欲しいものを手に入れることを遠慮する必要はありません。

2. 祈り　銀河連合、アセンデッドマスター、天使、女神、レジスタンス・ムーブメント、ドラゴングループ、スピリチュアルガイドなどの光の勢力に、願いの具現化を支援してもらうことを祈ります。特に、具現化や豊かさをもたらすことを強力に支援してくれる光の存在である、サン・ジェルマンを呼び出すと良いでしょう。また、願いが叶った時の感情を味わうことで、具現化のエネルギーの渦が発生します。

3. 行動

これは労働をするという意味ではありません。1番と2番をしっかり実践すれば、3番は最も簡単です。具現化に必要な最後のひと押しになる現実の行動をするだけです。ひらめきやワクワクすることを感じたらそれを実行するのも良いでしょう。例えば、レストランに行って、食べたい料理を決めたら、あとは店員に声をかけて注文するという行動を起こすことで料理が運ばれてきます。

行動は、1番と2番のステップをした後の自然な成り行きや流れの中に存在するのであって、がむしゃらに働くことではありません。

この3つの手順を何度も繰り返すことで、願い事が具現化していきます。

同時進行で、いくつもの願いを具現化していくことも可能です。基本的に全てのことが実現可能です。

意志決定はメンタル界、祈りはアストラル界、行動は物質界で行われます。これが具現化の原理です。

まず、エネルギーの次元で作られたものが、現実に現れていきます。

建物が作られる時も同じ原理です。

建築家の意志決定から全てが始まり、建物のイメージを膨らませ、建築が始まり、建物が完成します。

家を買うとか、大きな願い事は、それだけ時間がかかりますが、途中で諦めないことが大切です。

書店に行けば様々な願望実現系の本が売られていますが、2番目の「祈り」が足りないことが多いです。

あらゆる願いを光の勢力に呼びかけて、支援してもらいましょう。

そして、実際に願いが叶った状況をリアルにイメージして、その時の感情や感謝の気持ちを味わいましょう。

そうすることで、実現しやすくなります。

自分の魂やI AM Presenceと繋がることで、自然に物事が自分の願い通りに実現していくようになります。

光の勢力や自分の魂の意図に沿った願いや、大勢の人々の幸せに繋がる願いほど、すぐに具現化していきます。

豊かさの秘訣とアルコンの「お金は汚い」のプログラミング

アルコンは、人類に「お金は汚いものだ」と思わせるプログラミングをしてきました。特に、スピリチュアルな人ほど、お金を嫌うように仕向けてきました。お金の話になると急に拒否感や怒りを覚える場合、それはアルコンのプログラミングです。

お金がなければ、スピリチュアルな活動も含めて、行動が制限されてしまいます。遠くのパワースポットを訪れるにしても、お金は必要になってきます。

お金への拒否感の原因の一つは、アルコンの作り出した不正で虚しい経済システムの奴隷にならないと、お金を得られない、だからお金も嫌いというものです。ですが、これはアルコンのシステムを受け入れられないのであって、自分が豊かさを受け取ることとは別の話です。

自分の魂の目的を実行していく時、アルコンの作ったシステムの奴隷として生きる必要はなくなります。マトリックスの外にある光の勢力やソースからの豊かさと繋がることが可能になっています。自分の魂と光の勢力が自然にそのように導いてくれます。あとはその導きを信頼していくだけです。

お金を受け取ることに対する罪悪感もまた、アルコンのプログラミングです。

サービスに対する報酬を受け取れない人、お金や豊かさを受け取るのが悪いと感じてしまうことです。

宇宙では、全ての存在が豊かさを受け取るのに相応しいという原則を思い出してください。私たちは無条件に、豊かに自由に生きる権利があります。特別に頑張った人だけが豊かさに相応しいとか、苦労をしないと豊かになれないというのはアルコンのプログラミングです。そのような豊かさを制限するプログラミングは全て解除しましょう。

自分が物質的にも経済的にも豊かに生きていいと許すことが、豊かさの基本です。そのような意識を持つことで、実際に豊かさが引き寄せられます。

報酬を受け取ることで、ライトワーカーの活動はますます自由になり、より多くの人に豊かさやポジティブな影響を与えることができるようになります。

ボランティア活動には限界があります。サービスに対する報酬を受け取ることで、エネルギーが循環していき、活動を継続しやすくなります。

人々にポジティブな影響を与えながら豊かに楽しく生きている人たちを見かけたら、その人たちの考え方や生き方を参考にすることで、自分にも豊かさが訪れます。

お金を嫌ったり、お金を持っている人を嫉妬すると、豊かさを遠ざけることになります。

お金があることで可能になるポジティブな物事に目を向けましょう。

自分の信念体系や潜在意識にある、豊かさに反するプログラミングを解除していきましょう。

ディマニフェステーション：望まない現実を拒否する方法

自分の望むことの具現化と同時に、望まないことを具現化しないことも大切です。

これは、「ディマニフェステーション」（脱具現化）と呼ばれる作業です。

この世界には、様々なネガティブなものが存在します。体に悪い食べ物、有害な化学薬品やワクチン、人生に干渉してくる人、嫌な気分にさせてくる人、間違った社会システムなど。

全ての人が、好ましくない現実を拒否する権利を持っています。

心豊かに楽しい気持ちで生きる権利を持っています。この権利は銀河法典で保障されています。

苦しみ、不正、不快な状態を受け入れるのではなく、自分の心や魂が嫌がっていることは断固として拒否しましょう。

理由をうまく説明できなくても、「嫌なものは嫌」という理由で拒否していいのです。これ以上は許容しない、という線引きをすることが大切です。ずっと嫌だったことや、溜め込んでいた気持ちを解放してください。

スピリチュアルや精神世界の本には、何でも受け入れて何でも許すことを推奨する考えが多いですが、それではうまくいきません。何でも許すのが良いなら、犯罪や闇の勢力の支配も許せばいいということになります。それでは世の中はおかしくなります。間違ったことや、自分を尊重してくれない人を許容しないことで、状況は良くなっていきます。

人生に現れる全てのネガティブな物事を、諦めずに拒否していくことが大切です。

他者からの攻撃も、自分が許さないと強く意思表示することで消えていきます。

闇の契約のキャンセルや、カルマの消去の布告をしていくことでも、ネガティブな物事との縁がなくなっていきます。

大天使ミカエルに依頼することで、自分が望まない環境や物事とのエネルギー的な繋がりを断ち切ってもらうことができます。

依頼は女性的な具現化のエネルギーで、命令は男性的な具現化のエネルギーです。どちらも有効です。

ネガティブな存在や物事への対処は男性的なエネルギーによる命令や布告が効果的です。自分の自由意志を強く発揮し、断固とした決意で命じることで、ネガティブな現実を経験しなくなっていきます。

大天使ミカエル

プロテクションワーク その⑲
ディマニフェステーション（脱具現化）のための布告文

I AM Presence（本当の私）の名において　私の魂の名において
全ての光の勢力の名において　私の自由意志により命じます。

銀河法典に則り、私はここに、私と家族に対する全ての攻撃と害悪と異常を一切受け入れないことを布告します。

私と家族に対する攻撃、害悪は些細なものも含めて全て、発信者とその加担者の元に送り返され、その全員がセントラルサンに連行され、処刑されることを命じます。

全ての攻撃と害悪と異常は私の現実から完全に永久に消去されました。

私はソースの意志と調和したポジティブな現実だけを経験します。これが私の自由意志です。

そうあらしめたまえ。そうなります。


この布告文はとても強力で、強い気持ちで唱えた２日目から攻撃が止まることが多いです。

多くの人がはっきりとした現実的な効果を実感してきました。

闇の契約キャンセルと同様に、効果を感じた後も定期的に唱えることを推奨します。

魂の人間関係

現在の地球上の多くの人間関係は、魂の繋がりによって生まれたものではありません。家族だから、同じ学校だから、同じ会社だから、趣味が同じだから、そういった共通点で繋がっています。

宇宙や地下世界の先進的な文明は、ソウルファミリー、つまり魂の繋がりを基本にした人間関係で成り立っています。魂が共鳴する人々との繋がりです。魂のレベルで他者と繋がると、争いや誤解は起きません。気が合うので、人間関係でのストレスがありません。お互いにテレパシー的なコミュニケーションができます。

多くの人は、人間関係を維持するために、相手に嫌われないように無理をしたり、好かれようとしてかっこつけたり、自分を抑圧したりと、不自然な振る舞いをしています。恋愛や結婚生活においても、駆け引きやテクニックを身につけて、ゲーム感覚で異性をコントロールすることが多いです。

こういった不自然な人間関係は、アルコンが社会を操作してプログラミングしたものです。パートナーや配偶者に自分の理想像を押し付ける風潮や、誰かの理想像を演じて生きることも全て、アルコンが仕組んだことです。このような不自然な人間関係は、他の宇宙や地下の先進

The Outside Within　Fanja Ralaimaro 画

的な文明には存在せず、奇異な文化として見られています。

魂レベルでの平和で心地よい人間関係を経験するために大切なことは、相手、特に異性と正直にコミュニケーションをすることです。自分の気持ちや内面を正直に相手に伝え、駆け引きを一切しないことです。不自然な人間関係を維持しようとしなければ、自然に消滅していきます。人間関係で無理をせず、必要以上に気をつかったり、かっこつけたり、繋ぎとめようとしなければいいだけです。自然な気持ちを表現して、リラックスして自由に行動して、それで誰かに嫌われたり、離れていく人がいたとしても、気にする必要はありません。

本来の自分らしい人間関係が作られる直前には、現在の人間関係に変化が起きます。本来の自分と共鳴しない人が離れていきます。お互いに干渉やコントロールや押し付けをしないことが、人間関係を円滑にするための鉄則です。ストレスを感じる人間関係や、自分が尊重されない環境は全て手放してかまいません。自分から離れることにも、罪悪感を持つ必要はありません。虚しい人間関係を手放すことで、空いたスペースに、自分に合った人間関係が作られていきます。

自分自身を尊重して、自己愛を持って生きるほど、自分を尊重してくれる人と出会うようになります。自分を嫌ったり、自分を許せないでいると、自分のことを嫌ってくる人や責めてくる人が引き寄せられます。人間関係で他者からの癒しを期待するよりも、まずは自分の意識を自分で癒すことが先決です。

自分を自分で癒し、魂と繋がっていくことで、自動的に心地よい人間関係が作られていきます。そして、魂が共鳴する友人やパートナーと出会えるようになります。

ツインソウルとソウルメイト

私たちが高次元の魂の世界からこの物質界（3次元と4次元）に降りてくる時、魂を分割する必要がありました。その魂レベルで繋がっている存在がツインソウル、ソウルメイト、ソウルファミリーです。

これらは物質界では別々の場所で生活していたとしても、高次元で常に結びついている、一つの存在です。

ツインソウルは魂の伴侶であり、全ての人に1人存在します。

ツインソウルは宇宙的な夫婦の原型です。

人が心の中に思い描く理想のパートナーはその人のツインソウルをイメージしています。

ツインソウル同士が出会って愛し合うことで爆発的なポジティブなエネルギーが発生し、アルコンが支配するマトリックス空間を破壊するため、アルコンは人々が自分のツインソウルと出会えないように操作してきました。

現在、地球上で生きている人のツインソウルは、地上に存在しません。絶対にツインソウルとは出会えないようになっています。

人々のツインソウルは地下のレジスタンス・ムーブメントの基地にいるか、上空のプレアデス艦隊の中にいるか、魂の世界にいてまだ転生していないかのどれかです。

地球が解放されるか、レジスタンス・ムーブメントやプレアデス人とのファーストコンタクトが起きた時にツインソウルと出会い、必然的に熱烈な恋愛関係が始まります。その時、地上でのそれまでの恋人や夫婦関係をどうするかは本人に任されています。

現時点でツインソウルと出会ったと思っている人がいるとすれば、実際に出会ったのはツインソウルではなくソウルメイトです。ソウルメイトは宇宙のガールフレンドやボーイフレンドの原型です。1人につき12人か24人ほどソウルメイトが存在します。

ソウルメイトとの出会いも強烈な恋愛感情を引き起こします。

ツインソウルとは地上で出会えませんが、ソウルメイトとは出会える可能性があります。

ソウルメイトとの結びつきは強いポジティブなエネルギーを発生させるため、アルコンはソウルメイト同士のカップルが成立しないように妨害をしてきます。

相手がソウルメイトだと気づいていない方に対して、子供の頃のトラウマ（親に見放されるんじゃないかという不安感）を引き起こし、ソウルメイトから離れていくように仕向けます。

もし、ソウルメイト同士が無事に結びついた場合、アルコンはそのカップルのどちらか、もしくは両方を殺害するという極端な行動に出ることもあります（ＣＯＢＲＡとＩＳＩＳのケースのように）。

ソウルファミリーは宇宙的な友人の原型です。

プレアデス人やシリウス人、あらゆる宇宙文明や地下のレジスタンス・ムーブメントやアガルタ王国の人々は、ツインソウルやソウルメイトと二人だけの神聖な合体をしたり、魂の愛と性エネルギーを自由に交換しながら生活しています。

ツインソウルやソウルメイト同士の複数のパートナーと同時に恋愛や結婚生活をしている状態です。

中には同性愛もありますが、地上のアルコンの操作による同性愛とは全く違うものです。

この魂の愛の文化を地球人が理解することが、銀河の文明に受け入れられるための試金石となります。

自由意志

「自由意志」は、自分で物事を選択する、重要な精神活動のことです。

自分がどのように生きるか。何を受け入れて、何を受け入れないか。何を食べるか、何を食べないか。何を望み、何を望まないか。選択の積み重ねで人生が進んでいきます。全ての人が自由に人生を生きる権利を持っています。

しかし、多くの人が萎縮して生きています。

学校や社会では、自由意志を抑圧して生きることを学ばされます。本当に望むことよりも、妥協をしたり、平均的なことをよしとします。周りの人と同じように生きられればそれでよいという人が多いです。

それでは、自分の魂の望む生き方はできません。本当の生き方ではありません。アルコンのプログラミングによる、奴隷の生き方です。

それぞれの人の魂はもっと個性的な存在です。世間の娯楽よりも、自分の魂と繋がって生きることの方が楽しくて、真の生きがいを感じられるはずです。

本当の生き方をする秘訣は、自分の自由意志を発揮することです。

世間の価値観や常識にとらわれたり、周りに流されるのではなくて、自分で判断することです。自分の信じる道を歩むことです。魂の望む生き方をすることです。自分の中に、ヒーローやヒロインが存在することを思い出すことです。

マトリックスと本当の現実

夜空にはたくさんの星が見えますが、私たちが見ることができるのは広大な銀河のほんの一部分だけです。私たちの太陽系のある天の川銀河以外にもアンドロメダ銀河があり、他にも無数の銀河が存在しています。多くの人類は、月にすら訪れたことがありません。人類にはまだまだ知らない現実が存在しているということです。

地球の人々は、アルコンの作り上げたマトリックス（仮想現実）の中で生きています。親から受け継いだ感情パターンや価値観、幼稚園や小学校から始まる教育、テレビ、ニュース、映画、雑誌、広告、宗教、全てがアルコンのマトリックスを強化するためのプログラミングです。これらのプログラミングを解除していかなければいけません。

宇宙人やUFOの話をする人を見かけたら嘲笑（ちょうしょう）するように人類にプログラミングをしてきたのもアルコンです。マトリックス世界の中では、宇宙人は存在しないことになっています。

それは宇宙の本当の現実ではなく、地球の中だけで延々と繰り返されてきた幻想の世界です。本当の現実は、宇宙には無数の宇宙人が存在していて、地球という監獄に囚われた人類を解放するために、24時間体制で活動しています。

貧困、飢餓、病気、戦争、競争、孤独、死の恐怖、苦しみ、闇。これら全てが、アルコンによって人工的に作られたものです。

本当の現実には、病気も苦しみも闇も存在しません。銀河の中で、地球だけに闇が存在します。今が、銀河戦争の最後の局面です。激しい地上戦、心理戦、霊的な戦いが行われています。それが終われば、私たちは宇宙の本当の現実と出会います。

本当の現実とは、無限の豊かさ、健康、調和、魂の家族やツインソウルとの愛情に満ちた生活、喜びと楽しさと美しさに溢れた光の世界です。

自分のしたいことをして生きられます。魂と繋がって、心の底からの生きがいや喜びを感じながら生きることができます。地球生活で心身が疲れ果てた人は、宇宙文明のヒーリング装置を使って完全に癒されます。

美しい自然のある場所で好きなだけ休息するこ

銀河系内の地球の位置

とができます。欲しいものは物質複製機を使って、いくらでも手に入れることができます。生命力の溢れる美味しい食品や飲み物を無限に作り出すことができます。

宇宙船に乗って、光より速く移動し、銀河のどこへでも行くことができます。宇宙のあらゆる文明の音楽や芸術や知識を探求することができます。愛と光に満ちた宇宙人たちや地球の地下文明の人々と交流することができます。

完全な理想のパートナーであるツインソウルやソウルメイトと、自由に心と体と魂で愛し合って生きていくことができます。健康な体で何百年も生きることができ、記憶を保持したまま生まれ変わることができます。

アセンションをして、高次元の光の存在になり、時空を超えて完全な自由を経験することもできます。あらゆる自由な生き方が可能です。これが宇宙の本当の現実です。人類がその現実を経験できるようになる日まで、光の勢力はずっと私たちを助けてくれます。プレアデス人やレジスタンス・ムーブメントは、地上のライトワーカーを24時間監視し、チャットや会話も全て見ています。地球を解放する意志のあるライトワーカーが心の中で呼びかければ、いつでもその呼びかけに応じてくれます。

自分の魂の任務を思い出してください。私たちの過去世は、今回の人生のためにあります。

現在の銀河戦争の最終局面で、地球の闇のマトリックスを内部から崩壊させ、光の勝利を経験するために地球に来たのです。

地球に光を広めていきましょう。今が、その時です。

「光は闇を打ち破り、追放します。
闇は始めから存在しなかったかのように根源から消滅します。
欠陥はその根元を引き抜かれ、暗闇に捨て去られ、光がその根元までも消し去ります。
—ナグ・ハマディ文書 世界の起源について—」

付録

COBRAの
タキオン製品の詳細

タキオン製品はプレアデス人の最新技術の応用

研究開発会社「ニューエナジータキオン」

タキオン製品は、ヨーロッパに拠点を置く研究開発会社である「ニューエナジータキオン」によって開発されました。

現在、非電離プラズマ、グルーニックダークマター、ニュートリノダークマター等の物質のタキオンフィールドへの影響に焦点を当てて研究しています。

また、液体窒素中のような極低温でのタキオンフィールドについても研究を行っています。地球の周りの軌道上で宇宙線がタキオンフィールドに及ぼす影響を研究しています。

同社はビゲローエアロスペースやＵＰエアロスペースなどの民間宇宙研究を先導する有力企業と協力しています。プレアデス人の要請により、ＣＯＢＲＡは地上にタキオン化した製品を広めています。

タキオンとは？

タキオンは光よりも速く移動できる亜原子粒子です。

タキオンは物質にスピリチュアルな光を注入することができます。

タキオン化処理は、物質に大量のタキオンを注入し、その物質の原子核の量子特性を永久的に変化させる技術です。

化学組成は変わらず、亜原子レベルで変化が起きます。

タキオンを注入された物質は、物質として最高の振動数を持ちます。

タキオンは物質のエントロピーを減少させるので、老化プロセスを逆転させ、免疫系を強化します。

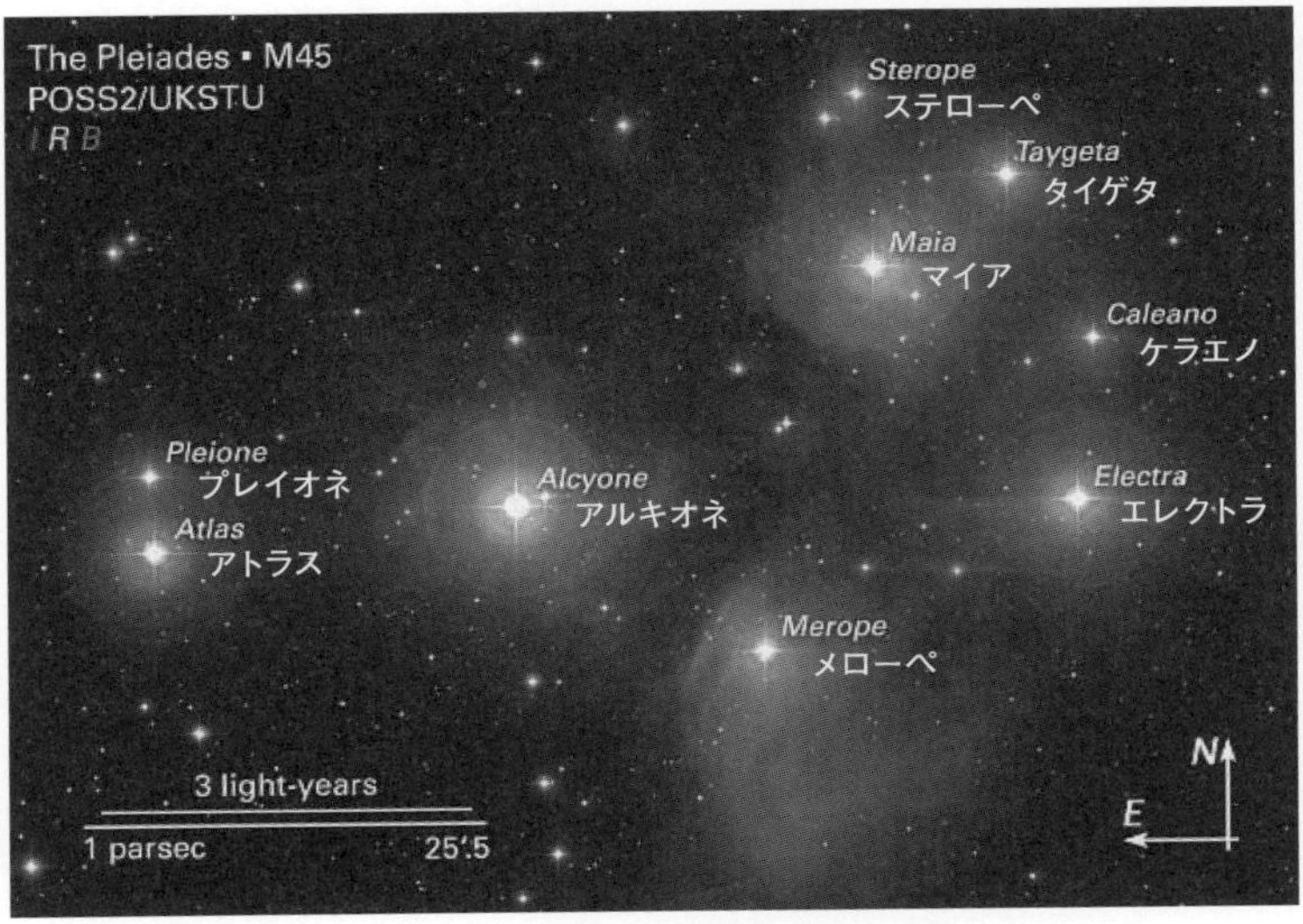

プレアデス星団

タキオン化は永久的

タキオン化処理には永久的な効果があり、不可逆的です。時間が経っても効果は薄れません。

タキオンを熱や磁場や化学反応によって除去することはできません。

タキオン化の安全性

タキオン化処理は完全に安全なものです。

化学組成は変化しません。いかなる種類の電磁場も放射能も発生させません。

タキオン製品を推薦する理由

タキオン製品は私たちの身体の多くの病気やアンバランスの原因を取り除き、生活の質を向上させる良い手段です。

他の健康製品と併用することもできます。

タキオンは私たちの肉体やエネルギー体に影響を与え、私たちの幸福を改善し、スピリチュアルな成長を劇的に加速させます。

タキオン製品の副作用について

タキオンウォーターを初めて飲んだ時、一時的なデトックス作用として、軽度の頭痛や不眠が起きる場合があります。これは実際には、毒素がデトックスされているので、良い兆候です。そのような場合には水をたくさん飲んでください。

タキオン化したものとタキオン化されていないものの違いは、研究機関で実証されています。タキオンウォーターを使った細胞実験では、細胞の突然変異が50％減少しました。

ＣＯＢＲＡは、プレアデス人の要請により、地表で欠乏しているタキオンのエネルギーを広めるためにタキオン製品を広めています。タキオン製品はプレアデス人の最新技術を応用したものです。

パソコン電磁波保護タキオン水晶球（Tachyon personal computer protection）

ローズクォーツ球をタキオン化させたものです。

パソコンの前に置くことで半径1メートル以内の有害電磁波を調和させ、パソコンを使う人を保護してくれます。

ネガティブな感情や思考や霊的な攻撃からも保護してくれます。

持ち歩いてお守りとして使うこともできます。

瞑想をする時に握ったり、チャクラに当ててチャクラをヒーリングしたり、様々な使い道があります。土地に埋めることで広い範囲を浄化することもできます。

タキオンウォーター（Tachyon Water）

ミネラルウォーターをタキオン化させたものです。

希釈して飲むことで肉体や感情や精神を含むあらゆるレベルでのデトックス効果、免疫系の強化、直感力の向上、生命エネルギーの向上効果があります。

冷暗所で保管し、開封後は冷蔵庫で保存してください。

キャップ1杯分のタキオンウォーターを1日分の飲み水に希釈して、毎日飲みます。

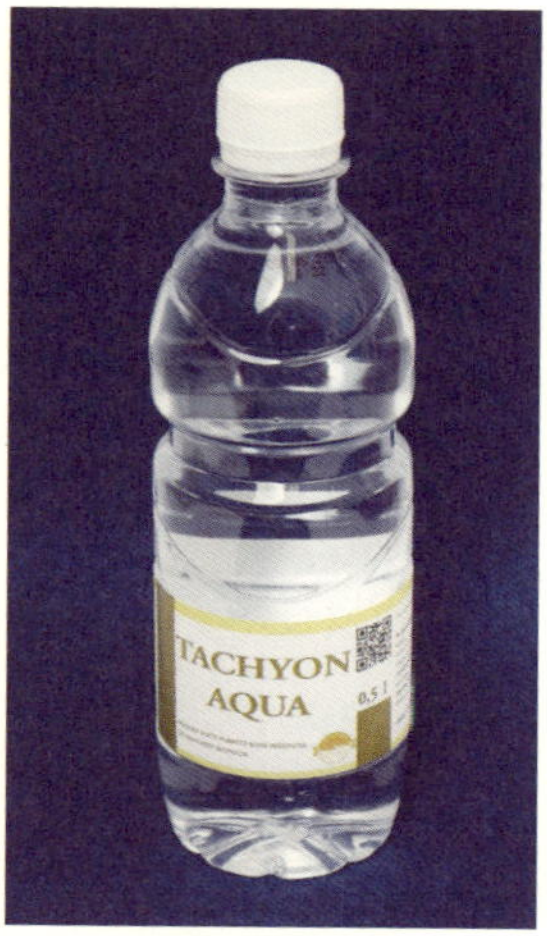

タキオンウォーター

タキオン美容クリーム（Tachyon beauty cream）

肌をケアするクリームをタキオン化させたものです。皮膚の保護と、再生を促進します。

アンチエイジング、乾燥肌や敏感肌の保護、手や顔や体に塗ることができます。

子供用にも使えます。タキオンは老化プロセスを逆転させることができます。

タキオンリラックスクリーム（Tachyon relax cream）

75％以上のケースで疼痛（とうつう）を完全に除去もしくは大幅に軽減することが証明されたクリーム。

関節炎、リウマチ、慢性炎症、ケガ、腫れ等で苦しんでいる人に推奨されています。1日に2～3回塗ります。


タキオン携帯電話保護（Tachyon cell phone protection）

特別なエネルギーシンボルが刻印された銅板をタキオン化させたものです。

携帯電話やスマートフォンに貼り付けることで有害な電磁波を調和させ、使用者を保護します。


タキオン家庭用電磁波保護（Tachyon home electrosmog protection）

タキオン携帯電話保護の改良版です。

家のブレーカーパネルに貼り付けることで家全体の電磁波を調和させます。

家庭やオフィスの理想的な電磁波保護であり、生活の質を大

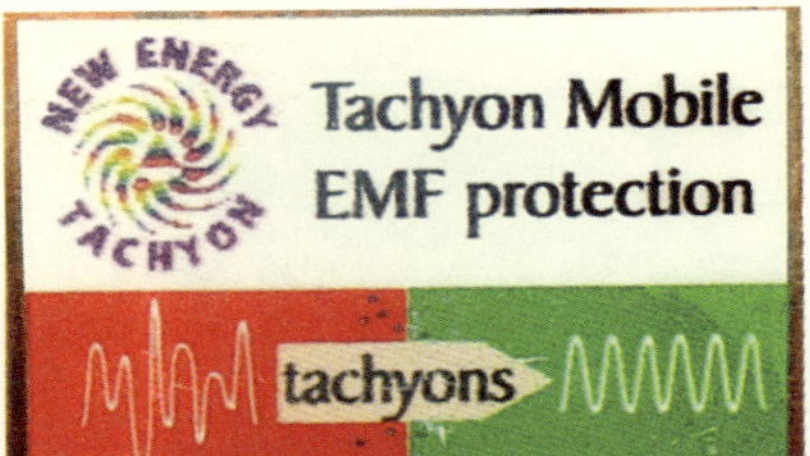

タキオン携帯電話保護

タキオン家庭用電磁波保護

幅に向上させます。
また、ベッドの下に置いておくことでネガティブなエネルギーから保護してくれます。

タキオンエネルギーセル、タキオンチャクラセット（Tachyon energy cell / Tachyon chakra set）

高濃度のタキオンが含まれたガラス玉です。免疫系の調整、身体の活性化、デトックス、精神のヒーリング、精神力の強化、スピリチュアルな成長の加速、才能の向上という効果があります。時に肉体的な痛みを除去する場合もあります。手で握ったり、財布に入れたり、チャクラやツボの位置や体の痛い部分に置いて使います。

チャクラセットは7つの主要チャクラに対応する色のタキオンエネルギーセルのセットです。赤は尾てい骨、オレンジは下腹部、黄色はみぞおち、緑は胸の中心、水色は喉元、青は眉間、紫は頭頂に対応しています。

寝た体勢でその位置にタキオンチャクラセットを置きます。

エーテル体、アストラル体、メンタル体、コーザル体の全ての高次元エネルギー体のチャクラとオーラを調和させます。

タキオンエネルギーセルは永久的に使用でき、ネガティブな

タキオンチャクラセット

エネルギーの影響を受けないので、浄化する必要もありません。

全てのヒーラーやスピリチュアル探求者に必須のアイテムです。


タキオンシルバーペンダント（Tachyon silver pendant）

タキオンペンダントはタキオン発生装置として機能するタキオン化されたガラス玉のペンダントです。宇宙からタキオンを受け取り、周囲に放出するアンテナとして機能します。

タキオンのペンダントは幸福感を向上させ、スピリチュアルな成長を劇的に加速させ、タキオンは物質のエントロピーを減少させるので老化を遅らせ、免疫系を強化します。

ネガティブな霊的存在（レプティリアン等）は、ライトワーカーのハートに攻撃を仕掛けてきます。タキオンシルバーペンダントやチンターマニストーンペンダントはその攻撃から保護してくれます。

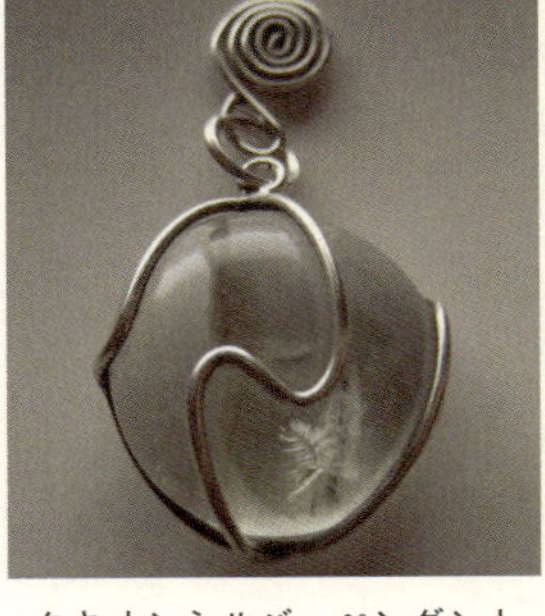

タキオンシルバーペンダント

銀河マカバ活性化ペンダント（Galatic Merkaba Activator）

銀河マカバ活性化ペンダントは最新の高度タキオンヒーリング技術です。調和的な共鳴によりマカバライトボディの活性化に役立つ、銀メッキのフラワーオブライフ神聖幾何学の曼荼羅として作られています。７つのカットされた宝石は、私達のハートチャクラを通して、銀河の中心から私達のエネルギーフィールドに直接エネルギーを送るためのレンズとして機能します。この銀河マカバ活性化ペンダントがタキオン化され恒久的なタキオン・スターゲートとなり、高次元のワームホールを介して、統一されたゼロポイント・エネルギーフィールドと常に繋がるようになりました。

銀河マカバ活性化ペンダント

タキオン神聖幾何学水晶発振器（Tachyon Oscillator）

神聖幾何学の形にカットされた水晶をタキオン化したものです。タキオン・スターゲートとして機能し、圧電効果との相乗効果で非常に高く調和的な振動周波数を生成し、アセンションプロセスを支援します。また、神聖幾何学はポジティブなエーテルタキオンスカラー場を作り出し、私たちの意識に影響を与えます。

四面体：頭上30センチの位置にあるソウルスターチャクラの活性化。

立方体（キューブ）：意識をグラウンディングさせ、今ここに集中する。スカラー兵器からの保護。

ピラミッド：ハイアーセルフと繋がり、ひらめきをもたらす。
十二面体：私たちのあらゆる側面を調和させ、聖なる原型へと整えてくれます。
二十面体：私たちを光のエーテルネットワークへと繋げてくれます。

パソコン電磁波保護やタキオンエネルギーセルとして使うことも可能です。特に横になってピラミッドのタキオン水晶を眉間に乗せて瞑想するととても良い効果があります。

上：十二面体　左：ピラミッド　右：立方体

タキオンモルダバイト（Moldavite Stones from the Pleiades）

モルダバイトは１４８０万年前に爆発して宇宙を漂った後に地球に落ちてきたプレアデスの惑星の破片です。モルダバイトにはプレアデス人の純粋な愛のエッセンスが含まれています。非常に高い振動周波数を持っているため、私たちの本当の故郷を思い出す魂の引き金となります。モルダバイトがタキオン化されることによって、６次元以上の魂の故郷へと繋がる強力な触媒として機能します。

タキオン・アクアマリン、タキオン・レッドガーネット（Tachyon Aquamarine / Tachyon Red Garnet）

タキオン化されたアクアマリンは意識を5次元以上に繋げる効果があり、銀河連合のマザーシップ（母艦）とテレパシーで繋がるポータルとしても機能します。

タキオン化されたレッドガーネットは意識をグラウンディングさせる効果があり、地球の中心と繋がるポータルとして機能します。これら正反対の効果を持つ2つの石を持って瞑想をすることで天と地に繋がりやすくなります。タキオン・アクアマリンを埋設することで聖なる光をその土地にもたらすことができます。六角柱の形に成長した、透明度の高いアクアマリンは

タキオン・モルダバイト

タキオン・アクアマリン

タキオン・レッドガーネット

特に強力です。

プレアディアン・スターゲート（Pleiadian Stargate）

プレアディアン・スターゲートはこの物理的な時空連続体を超えて、より高い意識とより高い次元に繋がることを助ける高次元技術です。純粋な銅を石英微結晶でコーティングした神聖幾何学構造をしています。銅の輪から5メートル以内の空間では高次元へのアクセスがはるかに容易になります。プレアデスの最新技術です。

量子ゆらぎ調整器（Resonator Quantum Fluctuatin）

この装置は究極の量子ゼロ点技術です。半径4～10メートル以内の空間の基本構造を調和させ、その範囲内の人の肉体、感情、精神のあら

量子ゆらぎ調整器

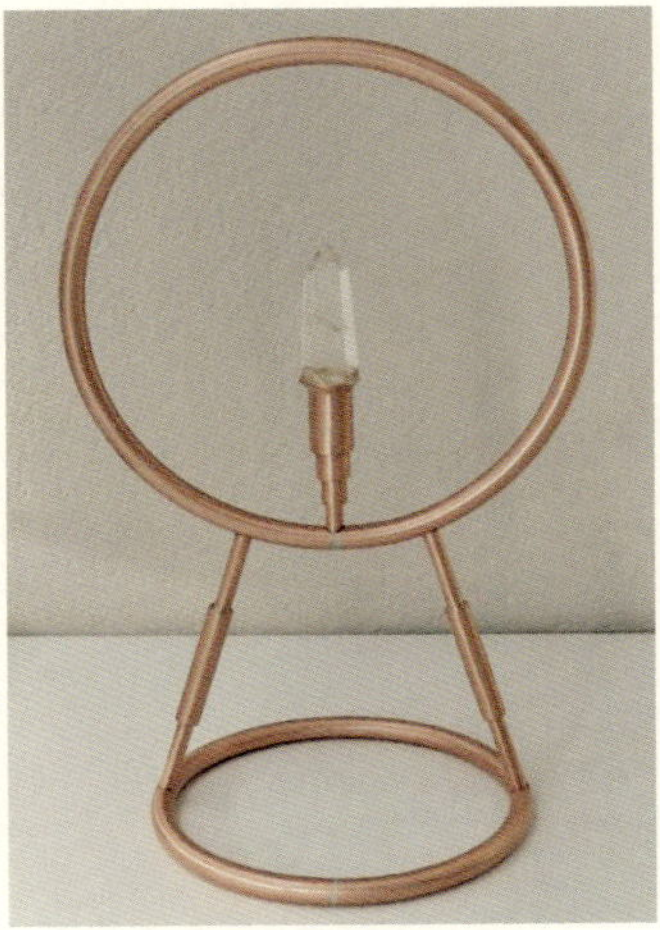

プレアディアン・スターゲート

ゆる側面を調和させ、ポジティブな意志決定と自由意志を強化します。間違いなく地球上で最強の保護と調和の装置。中サイズと大サイズが存在します。

タキオンヒーリングチェンバー用特大タキオン水晶柱

タキオンヒーリングチェンバーの部屋の四隅に配置されているタキオン水晶柱と同じものです。エーテル界のタキオン化されたオルゴンエネルギー生成装置として機能します。居間や寝室に飾ることで強力な浄化と保護の効果があります。

タキオン化した鉱物

クリスタルは物質界で最も進化した物質で、最高の振動数を持っています。

クリスタルはそれぞれ固有の働きをする天使と繋がっていて、天使からのエネルギーを放っています。

クリスタルには多くの人々が思っている以上に強い力があり、地球の解放、人々の目覚め、ヒーリングを助ける強力な道具となります。

タキオン化された水晶や石は、割れたり、粉塵の状態になっても、全ての粒がタキオン・スターゲートとして機能します。

以下の紹介文にあるのは、**基本的に、タキオン化した時に生じる効果**です。

例えば、タキオン化されていないアクアマリンは銀河連合と繋がる効果を持っていないので注意してください。

自由意志強化タキオン水晶

両剣水晶をタキオン化させたものです。埋設することで半径2キロの空間を浄化し、人類の自由意志を強化する地球規模のグリッドを形成します。

タキオン化したハーキマーダイヤモンド水晶にも自由意志を強化する効果があります。

六芒星タキオン水晶

六芒星は三角形が2つ重なった形をしており、聖なる女性性と男性性の統合を表しています。

六芒星の形にカットされたタキオン水晶は聖なる愛のエネルギーを持っています。

ANテクタイト（AN Tektite）

オリオンのアルニラム・スターゲートから来た黒いテクタイト。

一般的にはインドチャイナイト、フィリピナイト、ダーウィングラス、イルギザイトが有名です。

恐怖や憎しみなどの人格の影を統合する、ワンネスのエネルギーを持っています。

リビアングラス（Libyan Glass）

オリオンのリゲルから来た黄色いテクタイト。リゲルに由来するネガティブエネルギーを変容させます。

闇を変容する心の準備ができた人が持つと浄化してくれます。

ギベオン隕石（Gibeon）

火星と木星の間にある小惑星帯と繋がる効果があります。

アメジスト（Amethyst）

紫色の水晶。浄化や依存症の解消、サン・ジェルマンの存在を強化し、紫色の炎の浄化効果があります。

ローズクォーツ（Rose Quartz）

ピンク色の水晶。無条件の愛、女神のエネルギーをもたらします。

ピンクカルサイト（Pink Calcite）

ピンク色の石。無条件の愛、女神のエネルギーをもたらします。

エメラルド（Emerald）

緑色の石。物質的な豊かさをもたらします。

スギライト（Sugilite）

様々な色がありますが、紫色の石が人気です。異常と苦しみの除去、神の計画の実現の支援という効果があります。サン・ジェルマンの紫の炎の浄化効果もあります。

ファーデンクォーツ（Faden Quartz）

白い筋の入った特別な水晶。銀河連合のマザーシップ（宇宙船）と繋がるという効果があります。

フローライト（Fluorite）

様々な色が存在する美しい石。５次元と繋がる効果があります。ピンクフローライトにはハートや愛情のエネルギーが含まれています。

クンツァイト（Kunzite）

白や紫ピンク色の繊細な美しさを持つ石。持っている人のインナーチャイルドを癒してくれます。緑色のクンツァイトはヒデナイトと呼ばれ、喜びのエネルギーを持っています。

オパール（Opal）

虹色に輝く美しい石。潜在意識の浄化、高次元と繫がりやすくなる効果があります。女神のエネルギーを持つ石です。

アポフィライト（Apophyllite）

透明や白の可愛らしい石。チャクラの浄化と、天使と繫がる効果があります。

ブルーサファイアとルビー（Blue Sapphire / Ruby）

青いサファイアは高次元の精神性と繫がる効果があります。
赤いルビーは生命力やクンダリーニのエネルギーをもたらします。

カイヤナイト（Kyanite）

青い石。創造性をもたらします。

トパーズ（Topaz）

透明またはオレンジ色の石。内なる霊的意志を強化します。

レインボームーンストーン（Rainbow Moonstone）

ホワイトラブラドライトとも呼ばれる、虹色に光る石。感受性とサイキック能力を強化します。

セレスタイト（Celestite）

水色の石。天使と繋がる効果があります。

ダンビュライト（Danburite）

ダイヤモンドの代わりに使われることもある石。悟りを支援してくれます。

フェナカイト（Phenacite）

アセンションのエネルギーを持った石。

タンザナイト（Tanzanite）

美しい青紫色の石。高次元と繋がります。

シュンガイト（Shungite）

シュンガイトはカレリア共和国で産出される、黒や銀色の素材です。ネガティブなエネルギーから強力に保護してくれます。デトックス効果もあります。

アレキサンドライト（Alexandrite）

光を当てると色が変化する効果のある稀少な石。物質と精神を繋げる効果があります。

ラリマー（Larimar）

主にドミニカ共和国で産出される南国の海のような美しい水色の石。アトランティスのエネルギーと繋がることができます。

パイライト（Pyrite）

金色や銀色の石。立方体のパイライトは意識を今ここに持ってきて、物質界にグラウンディングする効果があります。

ティファニーストーン（Tiffany Stone）

体外離脱体験をしやすくなる効果があります。

ブルーレースアゲート（Blue Lace Agate）

水色の縞模様が美しい瑪瑙（めのう）。気持ちを落ち着かせてくれる効果があります。

アイオライト（Iolite）

青やすみれ色の石。高次元のスピリチュアルな導きを得ることができます。アセンションや女神のエネルギーも持っています。

ジェレメジェバイト（Jeremejevite）

とても稀少な美しい水色の石。神の計画と繋がることができます。

フォスフォフィライト（Phosphophyllite）

漫画「宝石の国」で有名な、青緑色の宝石。イルカやクジラと繋がる効果があります。

ヘリオドール（Heliodor）

エメラルドやアクアマリンの仲間の黄色い石。自信、行動、リーダーシップを強化します。

アクアマリン（Aquamarine）

水色の石。銀河連合の母艦とテレパシーで繋がる効果があります。5次元のエネルギーをもたらします。

モルガナイト（Morganite）

COBRAの一番お気に入りのピンクの宝石。宇宙の愛のエネルギー、無条件の愛をもたらす女神の石。重要な石です。

ゴシェナイト（Goshenite）

過去には効果が機密指定されていた特別な石。アクアマリン、エメラルド、ヘリオドール、モルガナイトの仲間で、無色透明なものをゴシェナイトと呼びます。非常に高い振動数のため、アセンデッドマスターと繋がることができます。I AM Presenceとの繋がりを強化します。アセンションプロセスを加速させます。

ある稀少なテクタイト

プレローマ（完全な世界）と繋がることができます。

銀（Silver）

エネルギー体を落ち着かせ、調和させる効果があります。

ゴールド（Gold）

ゴールドやプラチナは、大昔に宇宙から隕石のシャワーのように降り注いで落ちてきました。それは地球に宇宙の光のエネルギーを定着させるという神聖な目的によるものです。

金は太陽のエネルギーを持ち、男性的な力をもたらす効果があります。金にはライトワーカーを支援するためのサン・ジェルマンの基金を引き寄せる効果があります。

タキオン化された鉱物。フォスフォフィライト（左上）、クンツァイト（右上）、スギライト（中央）、オパール（左下、下）、タンザナイト（右下）

プラチナ（Platinum）

プラチナはシリウスのエネルギーを持っています。プラチナは金よりも振動周波数が数オクターブも高いです。そのため、平均的な人々にとってプラチナの振動周波数は高すぎます。スピリチュアルな成長をしてきた人々にとっては、ソウルスターチャクラや、さらに高次元のチャクラ、ハイアーセルフ、I AM Presence と繋げてくれる効果があります。

縄文時代草創期の土器

縄文時代の女神のエネルギーと繋がることができます。
縄文時代の前期以降はアルコンの侵攻により、女神のエネルギーが失われました。
世界中の古代の女神像にも女神のエネルギーが含まれています。

タキオン化した食品

タキオンホスファチジルセリン・サプリメント（Tachyon Phosphatidyl Serine supplements）

脳の栄養サプリメントをタキオン化させることで、脳をスカラー波攻撃から保護してくれます。

タキオンワイン（Tachyon Wine）

タキオン化されたお酒を飲むとエーテル界と繋がりやすくなります。海外ではタキオン化されたワインのブラインドテストも行われていて、審査員からはタキオン化した方が風味が良くなったと好評だったそうです。

他には、岩塩、ノニジュース、アロエベラジュース、ビタミンCサプリ等も。

その他のタキオン製品

タキオン・アンク（Tachyon Ankh）

アンクはエジプトの神々が持つ道具であり、「生命」を意味します。女神アイシスが夫オシリスを蘇らせようとした時にも使われました。頭上に掲げることでハイヤーセルフと繋がりやすくなります。聖なる女性性のエネルギーをもたらします。

タキオン銅線ピラミッド（Tachyon Copper Wire Pyramid）

ピラミッドの形はプレアデス人が利用している神聖幾何学形です。タキオン化された銅はスピリチュアルなエネルギーを伝えてくれます。銅線で作られたピラミッドがタキオン化されることで、高次元と繋がる装置となります。ピラミッドの中に食品や水を置くことでエネルギーをチャージすることもできます。プレアデス人女性のセムヤーゼと接触していたフレッド・ベル博士はピラミッド型の道具を頭に被って使用していました。

タキオン・フラワーオブライフステッカー（Tachyon Flower of Life Stickers）

フラワーオブライフは高次元文明の宇宙船にも使用されている、宇宙で最もポジティブな図形です。このステッカーを貼ることで量子場を調和させ、その空間を浄化できます。光の勢力は地表の人類が日常生活にフラワーオブライフ模様を積極的に取り入れることを求めています。

タキオンフラワーエッセンス（Tachyon Flower Essences）

フラワーエッセンスは花の成分の水溶液です。花の種類に応じて様々なヒーリング効果があります。タキオン化することでヒーリング効果が大幅に強化されます。

オーストラリアンブッシュのフラワーエッセンスで、オススメのスピリチュアルなエッセンスはこちらです。

ボロニア（BORONIA）、マクロカーパ（MACROCARPA）、ボアブ（BOAB）、ブルーベル（BLUEBELL）、エンジェルソード（ANGELSWORD）、レッドリリー（RED LILY）、シルバープリンセス（SILVER PRINCESS）、シドニーローズ（SYDNEY ROSE）、グレイスパイダーフラワー（GREY SPIDER FLOWER）、ブッシュアイリス（BUSH IRIS）、ピンクムラムラ

（PINK MULLA MULLA）、ブッシュフーシャ（BUSH FUCHSIA）、フリンジドヴァイオレット（FRINGED VIOLET）、グリーンスパイダーオーキッド（GREEN SPIDER ORCHID）、エマージェンシー（EMERGENCY）

ドラゴングループの最先端ヒーリング装置「ライトマンダラ（Light Mandalas）」

ライトマンダラは、アジアのポジティブな秘密結社であるドラゴングループ（もしくはドラゴンゲート）が開発した、最先端ヒーリング装置です。ＣＯＢＲＡも推薦しています。スカラー兵器や霊的な攻撃などの闇の勢力からの攻撃は、現代の一般的な科学技術では防ぎきれないので、ライトワーカーを保護するために、アトランティス時代から伝わる知識を使って開発されました。ライトマンダラにはいくつかの機種があるので紹介していきます。

最も人気のある**「レインボースター（Mandala Rainbow Star EX）」**という機種は、神聖幾何学や古代のシンボルの模様のレーザー光を、水晶に当てて通過させることで、特殊なヒーリング効果を生み出します。

感情や精神状態のヒーリング、レイキのエネルギー、空間の浄化、ネガティブな霊的存在の除霊、その他様々なヒーリング効果があります。

レインボースターに搭載されているメニューをいくつか紹介します。

ネガティブエネルギーのヒーリング
非暴力
浄化エネルギー
人のネガティブエネルギーからの保護
家のエネルギーの調和
電磁波からの保護
生体幾何学の調整
天使の保護
霊的な保護
ストレス解消
集中力
落ち込みのヒーリング
消極性のヒーリング
トラウマのヒーリング
コンプレックスのヒーリング
恐怖症のヒーリング

怒りのヒーリング
トラウマのヒーリング
依存症のヒーリング
正四面体模様
正六面体模様
正八面体模様
正十二面体模様
正二十面体模様
メタトロンキューブ模様
フラワーオブライフ模様
マカバ模様
シュリ・ヤントラ模様
クンダリーニ上昇
ソースと繋がる
オーラの浄化・保護・安定
チャクラの浄化
理想を具現化

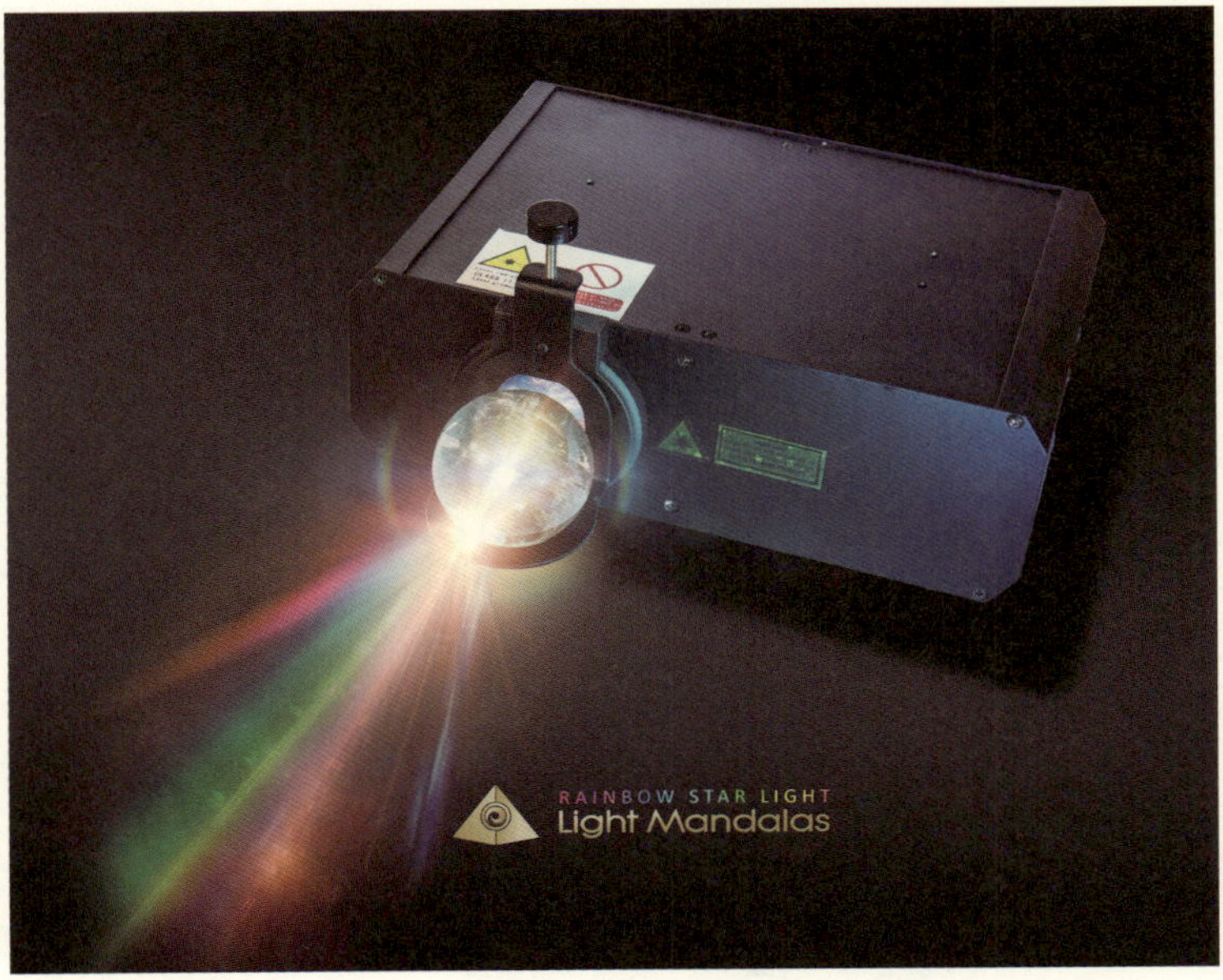

レインボースター

無条件の愛
エンティティ（霊的存在）の除去
神秘的なエネルギーの強化
スポーツのコツをつかむ
学習することを楽しむ
強い直観力を得る
創造性を高める
販売のコミュニケーション技術の向上
音楽や作曲の才能
彫刻の才能
絵画の才能
文章力の強化
哲学の理解
数学能力
基礎的な科学の理解
高度な科学の理解
ビジネスでのプレッシャーのヒーリング

Ｗｉｎ－Ｗｉｎの交渉力
友人を引きつける
カリスマ性のあるスピーチ
正しい回答を素早く返す
自己主張力
友情を育む
リーダーシップを強化
不規則な生活を直す

他にもまだまだありますが、このようなメニューが２００以上、搭載されています。「数学能力」「科学の理解」などのメニューは実際にその分野の優れた学者たちの神経パターンを計測したものを使用しています。

感情のヒーリングメニューの光を浴びると、ネガティブな感情が数秒で癒されてスッキリします。

マンダラスキャン（Mandala Dynamic Scan）は、その人に必要なヒーリングメニューを読み取る装置です。

感情や精神の状態、体調を量子レベルでスキャンしてくれます。そのため、その人の未来の可能性も含めたスキャン結果が出てくることが特徴です。

レインボースター、ライトアルケミー、VNスターと組み合わせて使います。

ライトアルケミー（Mandala Light Alchemy）はあらゆる元素やアミノ酸等に対応する色とエネルギーの光を放つ、ヒーリング装置です。

マンダラスキャン

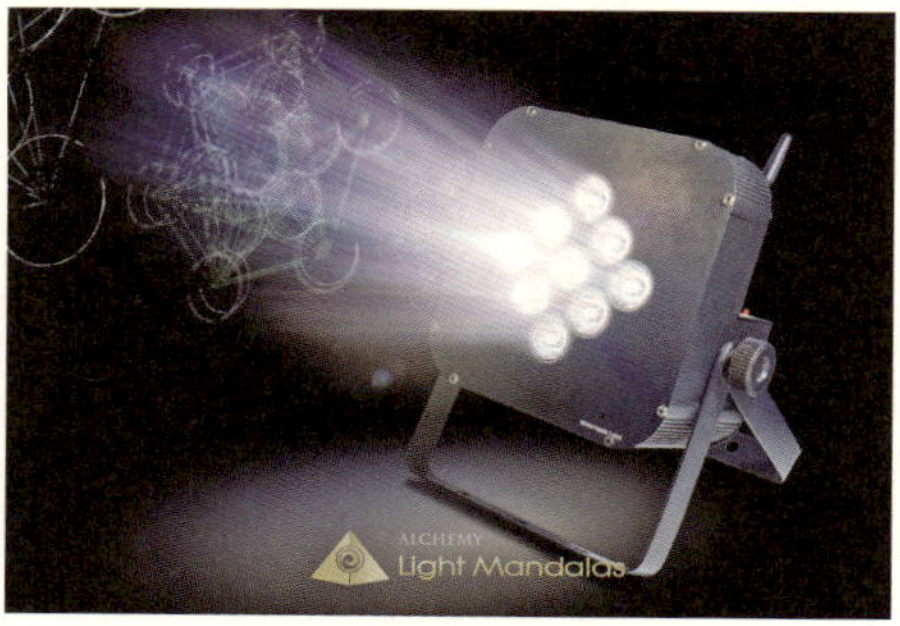

ライトアルケミー

マンダラドーム

マンダラスキャンと組み合わせて意識を高次元と繋げる瞑想の訓練をすることも可能です。

マンダラドーム（Mandala Dome）は、ポジティブなスカラー波を発生させる装置です。

レインボースターと組み合わせて使います。

闇の勢力から送られてくるスカラー波を相殺し、レインボースターのヒーリングと保護の効果を大幅に強化します。

また、マンダラドーム中にパワーストーンや水晶を入れて、レインボースターの光をしばらく当て続けることで、その鉱物にレインボースターのヒーリングエネルギーを記憶させることができます。

マンダラペンダント（Mandara Laser Pendant）は

マンダラドームとレインボースターの携帯版で、外出時に攻撃やネガティブなエネルギーの影響を受けた緊急時

マンダラ VN スター

マンダラペンダント

に使います。これもポジティブなスカラー波を発生させます。直径10センチの丸いペンダント型です。

マンダラVNスター（Mandara VN Star）

マンダラVNスター（Mandara VN Star）は物質界におけるヒーリングに特化しています。写真に写っている人や土地をヒーリングすることができる、「遠隔ヒーリング用水晶」も存在します。これもレインボースターと組み合わせて使います。

現在、ライトマンダラ社は新機種を開発中です。

上下に微振動する台に乗って体全体をヒーリングする「グラビティプレート」、光の点滅を見るヒーリング装置「ライトパネル」、正常なプラズマを発生させる「プラズマ発生装置」、AENAスフィアを組み込んだ、レインボースターの後継機である「AENAスター」。

特にAENAスターは開発中の段階でも、高次元と繋がるポータルが開くという素晴らしい効果があったそうです。

AENAスフィア

AENAスフィアは、アセンション後の多次元新宇宙・真（内部）地球の構造をした神聖幾何学であるＡＥＮＡマカバが埋め込まれた水晶球です。再構築・進化・変容のプロセスを経たこれまでの宇宙が折りたたまれたものであり、愛の意識が結晶化したものです。

愛の意識の13エッセンス：勇気・歓喜・信頼・至福・感謝・自由・笑い・美・豊穣・叡智・素直・慈しみ・希望

これらは、「私は光である」という意識が顕在化したものでもあります。旧パラダイムでの二元性の闇が最も抑圧してきた箇所であり、これから人類が向かう光の存在として最強の意識状態です。

このＡＥＮＡスフィアをライトマンダラのレインボースターと組み合わせることで、とても高い次元と繋がるポータルが開き、通常の水晶球では得られない強力なヒーリング効果が得られます。

ＣＯＢＲＡやドラゴングループが注目している最先端の光の技術です。

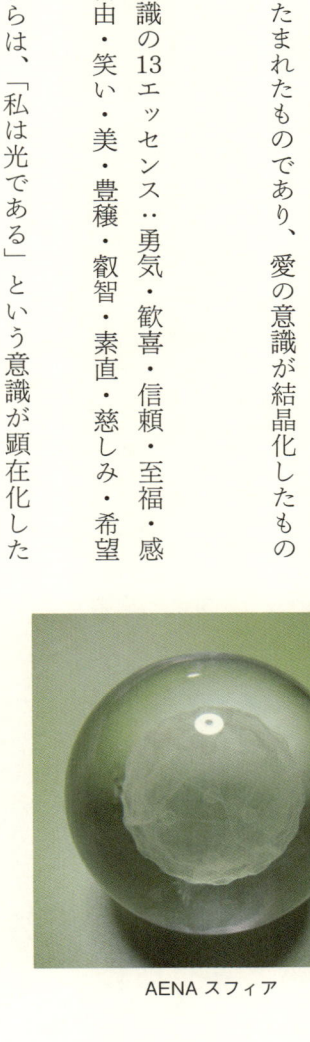

AENA スフィア

あとがき

この本を最後まで読んでくださり、ありがとうございました！

読む度に新たな発見や、ひらめきを得られる、魂や高次元へと繋がるポータル（入り口）のような本になることを願って書きました。

読んでいて魂が強く反応した方は、ぜひ何度も読んでください。ＣＯＢＲＡのブログも読んでみてください。

読むだけでなく、それぞれのワークや瞑想を実践したり、情報をさらに調べて、自らの魂を探求していく過程の中で、魂の真実と出会います。

ＣＯＢＲＡの情報をまとめた本を書きたいという私のアイディアを快く了承してくださったヒカルランドの石井社長に心から感謝しています。

ヒカルランドみらくるの編集者の小池恵美さんにも、とてもお世話になりました。

小池さんのアドバイスのおかげで、書き始めた頃とは比べものにならないくらい読みやすい本になりました。

そして、女神の渦のイラストを描いてくださった沖名子ふみさん、女神の帰還瞑想のイラストを描いてくださったしいちゃん、素敵な本の表紙とイルカの絵を描いてくださったジャバウォックスさん、地球解放年表をまとめてくださったYuriさん、素敵な絵を掲載させてくださったFanja Ralaimaroさん、ＡＥＮＡスフィアの説明をしてくださった森城佐恵子さんと晶子さん、恭子さん、みんなありがとう！

いつも英語記事を翻訳して掲載してくださっている、エルさん、KIN117さん、働かなくてもいい社会さん、ＮＯＧＩさん、テリーさん、ありがとう！

日本と世界中の仲間たち、銀河連合、アシュター、アセンデッドマスターたち、天使、ＩＳＩＳ、女神、スピリチュアルガイド、レジスタンス・ムーブメント、ドラゴングループ、そしてＣＯＢＲＡ、ありがとう！

最終的なブレイクスルー、光の完全勝利に向けて、全力を尽くしましょう！

Victory of the Light!

本書に関する参考資料

COBRAのブログ「The Portal」（英語）
http://2012portal.blogspot.com/

COBRAのブログの日本語翻訳の掲載サイト
PFC-JAPAN OFFICIAL　最新記事と過去記事
http://prepareforchange-japan.blogspot.jp/
働かなくてもいい社会　COBRAの記事の翻訳
http://paradism.hatenablog.com/
エル note　Untwine の記事の翻訳
https://note.mu/aile0211
NOGI note　COBRAの記事の翻訳
https://note.mu/nogi1111

タキオングッズとチンターマニストーン
TACHYONIS
http://tachyonis.org/Products.html
CINTAMANI STONE
http://www.cintamani.space/Cintamani.html

Untwine のブログ　Recreating Balance
http://recreatingbalance1.blogspot.jp/

Untwine の銀河占星術リーディング
http://mihokokona.com/astrologyreading1/

ライトマンダラ
https://www.light-mandalas.com/

ライトマンダラの輸入の問い合わせ
japan@light-mandalas.com

AENA
http://aenaalpha.com/
https://ameblo.jp/aena-sphere

全国のタキオンヒーリングチェンバーの連絡先

東京都　池袋　shuji-s@mx3.alpha-web.ne.jp
　　東京　japan@light-mandalas.com
神奈川県　茅ヶ崎市　hide20@gb4.so-net.ne.jp
宮城県　仙台市　aki2013812@gmail.com
大阪府　umino@tutanota.com
石川県　野々市市　Mimou-cl@orion.ocn.ne.jp
石川県　能美市　kyoko.the-milky-way@ezweb.ne.jp
鳥取県　米子市　Mimou-cl@orion.ocn.ne.jp

筆者のブログ

海野いるか堂
https://ameblo.jp/cobrameditation/

推薦書籍

イシュター・アンタレス『アンタリオン転換』（ヒカルランド）
ゴッドフリー・レイ・キング『明かされた秘密』（ナチュラルスピリット）『マジック・プレゼンス』（ナチュラルスピリット）
ベアード・T・スポールディング『ヒマラヤ聖者の生活探究』（霞ケ関書房）［ヒカルランドより読みやすい新訳新装版『ヒマラヤ聖者への道Ⅰ・Ⅱ・Ⅲ』発売中］
ウィル・L・ガーヴァー『メーソン―第三等級の姉弟』（クエスト）
アモラ・クァン・イン『プレアデス　人類と惑星の物語』（太陽出版）
ソララ『スターボーン』『レムリアの王 アルタザールの伝説』
ウラジーミル・メグレ『アナスタシア』（ナチュラルスピリット）
エリック・クライン『クリスタルの階梯』（コスモテンパブリケーション）
ダリル・アンカ『バシャール』（ヴォイス）
リズ・ブルボー『自分を愛して！』（ハート出版）『〈からだ〉の声を聞きなさい』（ハート出版）
アニータ・ムアジャーニ『喜びから人生を生きる！』（ナチュラルスピリット）
木津龍馬『スピリチュアル・グリーン』（竹書房）『オーラ・スキャン』（竹書房）
木村秋則『すべては宇宙の采配』（東邦出版）

船瀬俊介『効果がないどころか超有害！ワクチンの罠』（イースト・プレス）
内海聡『精神科は今日も、やりたい放題』（三五館）『薬が人を殺している』（竹書房新書）『ワクチン不要論』（フォレスト出版）
池田整治『離間工作の罠』（ビジネス社）
フレッド・ベル『プレアデス科学の謎』（徳間書店）
レイモンド・ムーディ『かいまみた死後の世界』（評論社）『臨死共有体験』（ヒカルランド）
WingMakers LLC『ウイングメーカー』（ヴォイス）
ロバート・シモンズ『ブック・オブ・ストーン』（ナチュラルスピリット）
スコット・ジュレク『EAT&RUN 100マイルを走る僕の旅』（NHK出版）
デーヴィッド・アイク『ムーンマトリックス』（ヒカルランド）
梯谷幸司『本当の自分に出会えば、病気は消えていく』

この本は2018年6月中旬までに得られた情報を反映しています。光の勢力の作戦と地球の状況は常に更新されるため、2018年6月以降の最新の状況はCOBRAのブログおよびその翻訳記事をご確認ください。

第二版に寄せて

初版が2018年9月に発売されてから1年半が経ち、その間に地球の状況は大きく変わりました。水が火で温められるとやがて沸騰し蒸発するという相転移が起きるように、この地球も2012年から銀河のセントラルサンのエネルギーで温められてきました。2019年からは旧社会（液体）の中に高次元の天の気泡が発生し、ある時点でイベントが発生（沸騰）し、地球の社会は高度な宇宙文明（気体）に移行していきます。

2020年現在、地球は沸騰直前の段階にいます。イベントの直前です。これからの時期、銀河のセントラルサンのエネルギーが指数関数的に強まります。その影響で、個人レベルでも社会レベルでも凄まじい浄化が起き、狂気やパニックが発生することは避けられません。個々人の日常生活においても様々なドラマが発生するはずですが、感情的なドラマや対立に巻き込まれず、関わらず、冷静でいて、正気を保つことが大切です。

これまでの人生で瞑想やヒーリングを通して、自分の内面の浄化に取り組んできた人々はさほど影響を受けないでしょう。闇の勢力は人類の恐怖心を煽るために戦争や疫病や食糧危機などを作り出しますが、光の勢力がそれに上手に対処するので心配はありません。旧社会の信念体系とエネルギーを捨て去ることによって、新しい時代を迎えることができます。新時代への移行を容易にするため、日々、サンジェルマンを呼び出し、紫の炎を視覚化して自分と世界を浄化し続けてください。他にも球体のフラワーオブライフが自分や地球を包む様子を視覚化したり、ＡＮの白い炎を視覚化し、自分と地球を浄化することもできます。女神の瞑想を頻繁に行なうことも大切です。そういった瞑想の積み重ねにより地球の移行期を安定化させることができます。

２０２０年12月21日の冬至には、ニューエイジである水瓶座の時代が正式に始まります。地球の黄金時代が幕開けます。ニュー・アトランティスが誕生します。

このような重要なタイミングで増刷が決まり、この情報を大切な本に追加できることは偶然と思えません。私自身この１年半で様々なことを経験しました。疲れて弱気になった私をプレアデス人が見かねて、ＣＯＢＲＡ経由で励ましてくれたこともありました。

プレアデス人やレジスタンスムーブメントは、地球の解放活動に献身している全ての人をいつも見守ってくれています。

私達スターシードは孤独ではありません。

銀河戦争の最終局面を乗り切り、宇宙の家族たちと祝杯をあげましょう。

Victory of the Light!

海野いるか　うみの　いるか
地球を解放するために活動しているスターシード。
内面を探求するうちに COBRA のブログと出会い、
自分の魂の使命を思い出す。
人々が自分の魂に繋がるための知識や技術を広めている。

宇宙からすべての「闇」と「異常」が消滅します！

Victory of the Light! 地球をめぐる銀河戦争の終結

光の最先端技術！ タキオンとチンターマニストーンとライトマンダラのすべて

第一刷 2018年9月30日
第三刷 2022年5月31日

著者 海野いるか

発行人 石井健資
発行所 株式会社ヒカルランド
〒162-0821 東京都新宿区津久戸町3-11 TH1ビル6F
電話 03-6265-0852 ファックス 03-6265-0853
http://www.hikaruland.co.jp info@hikaruland.co.jp
振替 00180-8-496587

本文・カバー・製本 中央精版印刷株式会社
DTP 株式会社キャップス
編集担当 小池恵美／TakeCO

ISBN978-4-86471-667-3

ヒカルランド　好評既刊！

地上の星☆ヒカルランド　銀河より届く愛と叡智の宅配便

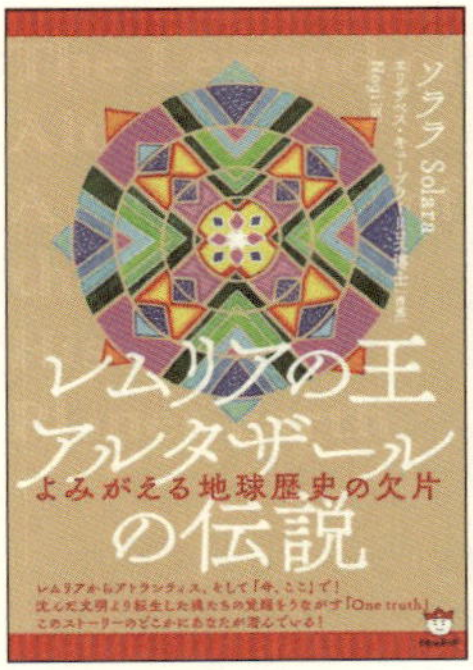

レムリアの王 アルタザールの伝説
よみがえる地球歴史の欠片
著者：ソララ（Solara）
推薦：エリザベス・キューブラー＝ロス博士
訳者：Nogi
四六ソフト　本体 3,000円+税

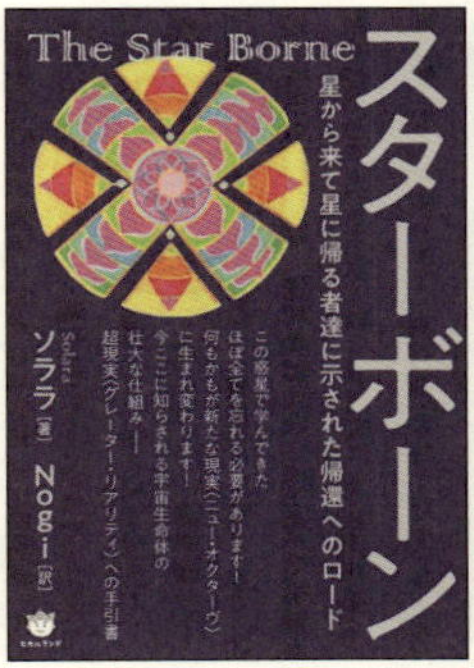

スターボーン
星から来て星に帰る者達に示された帰還へのロード
著者：ソララ（Solara）
訳者：Nogi
四六ソフト　本体 3,300円+税

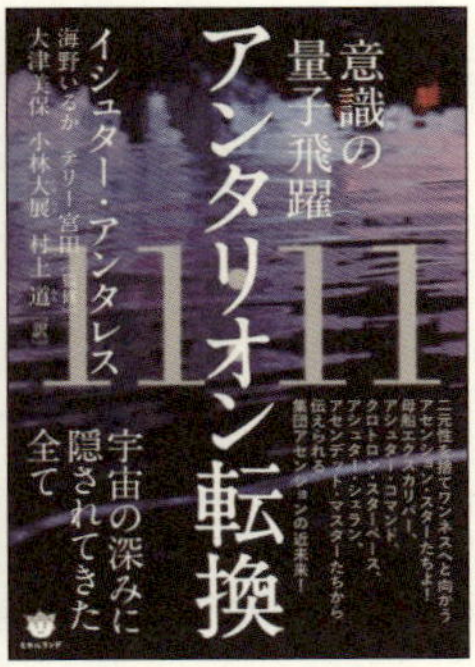

11：11 アンタリオン転換
宇宙の深みに隠されてきた全て
著者：イシュター・アンタレス
監修：海野いるか／テリー宮田
訳者：大津美保／小林大展／村上 道
四六ソフト　本体2,500円＋税

カバールを超突破せよ
アセンションミステリー［上］
著者：ディヴィッド・ウイルコック
訳者：Rieko
四六ソフト　本体 2,500円+税

軍事宇宙プログラムの最高機密へ
アセンションミステリー［下］
著者：ディヴィッド・ウイルコック
監訳：テリー宮田
監修：海野いるか
翻訳：大津美保、小林大展、Nogi
四六ソフト　本体 3,000円+税

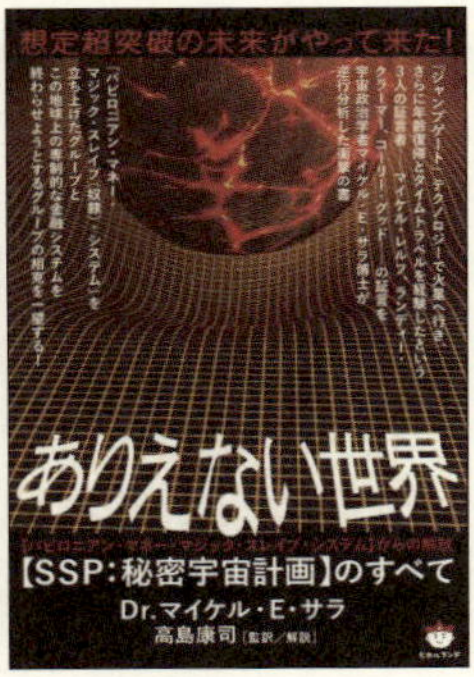

ありえない世界
【SSP：秘密宇宙計画】のすべて
想定超突破の未来がやって来た！
著者：Dr.マイケル・E・サラ
監訳・解説：高島康司
四六ソフト　本体 2,500円+税

自然の中にいるような心地よさと開放感が あなたにキセキを起こします

神楽坂ヒカルランドみらくるの1階は、自然の生命活性エネルギーと肉体との交流を目的に創られた、奇跡の杉の空間です。私たちの生活の周りには多くの木材が使われていますが、そのどれもが高温乾燥・薬剤塗布により微生物がいなくなった、本来もっているはずの薬効を封じられているものばかりです。神楽坂ヒカルランドみらくるの床、壁などの内装に使用しているのは、すべて45℃のほどよい環境でやさしくじっくり乾燥させた日本の杉材。しかもこの乾燥室さえも木材で作られた特別なものです。水分だけがなくなった杉材の中では、微生物や酵素が生きています。さらに、室内の冷暖房には従来のエアコンとはまったく異なるコンセプトで作られた特製の光冷暖房機を採用しています。この光冷暖は部屋全体に施された漆喰との共鳴反応によって、自然そのもののような心地よさを再現。森林浴をしているような開放感に包まれます。

みらくるな変化を起こす施術やイベントが 自由なあなたへと解放します

ヒカルランドで出版された著者の先生方やご縁のあった先生方のセッションが受けられる、お話が聞けるイベントを不定期開催しています。カラダとココロ、そして魂と向き合い、解放される、かけがえのない時間です。詳細はホームページ、またはメールマガジン、SNSなどでお知らせします。

神楽坂ヒカルランド　みらくる　Shopping & Healing
〒162-0805　東京都新宿区矢来町111番地
地下鉄東西線神楽坂駅２番出口より徒歩２分
TEL：03-5579-8948　メール：info@hikarulandmarket.com
営業時間11：00～18：00（1時間の施術は最終受付17：00、2時間の施術は最終受付16：00。イベント開催時など、営業時間が変更になる場合があります。）
※ Healing メニューは予約制。事前のお申込みが必要となります。
ホームページ：http://kagurazakamiracle.com/

★《AWG》癒しと回復「血液ハピハピ」の周波数

生命の基板にして英知の起源でもあるソマチッドがよろこびはじける周波数をカラダに入れることで、あなたの免疫力回復のプロセスが超加速します！

世界12カ国で特許、厚生労働省認可！　日米の医師＆科学者が25年の歳月をかけて、ありとあらゆる疾患に効果がある周波数を特定、治療用に開発された段階的波動発生装置です！ 神楽坂ヒカルランドみらくるでは、まずはあなたのカラダの全体環境を整えること！　ここに特化・集中した《多機能対応メニュー》を用意しました。

A．血液ハピハピ＆毒素バイバイコース
　（AWG コード003・204）　60分／8,000円
B．免疫 POWER UP　バリバリコース
　（AWG コード012・305）　60分／8,000円
C．血液ハピハピ&毒素バイバイ&免疫 POWER UP
　バリバリコース　120分／16,000円
D．水素吸入器「ハイドロブレス」併用コース
　60分／12,000円
E．脳力解放「ブレインオン」併用コース　60分／12,000円
F．AWG プレミアムコース　9回／55,000円　60分／8,000円×9回
※その都度のお支払いもできます。

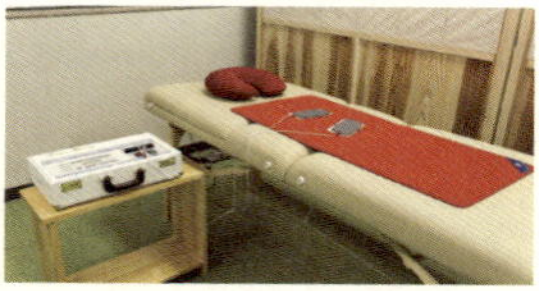

※180分／24,000円のコースもあります。
※妊娠中・ペースメーカーご使用の方にはご案内できません。

AWGプレミアムメニュー

1つのコースを一日1コースずつ、9回通っていただき、順番に受けることで身体全体を整えるコースです。2週間〜1か月に一度、通っていただくことをおすすめします。

①血液ハピハピ＆毒素バイバイコース
②免疫 POWER UP バリバリコース
③お腹元気コース
④身体中サラサラコース
⑤毒素やっつけコース
⑥老廃物サヨナラコース

★音響チェア《羊水の響き》

**脊髄に羊水の音を響かせて、アンチエイジング！
基礎体温1℃アップで体調不良を吹き飛ばす！
細胞を活性化し、血管の若返りをはかりましょう！**

特許1000以上、天才・西堀貞夫氏がその発明人生の中で最も心血を注ぎ込んでいるのがこの音響チェア。その夢は世界中のシアターにこの椅子を設置して、エンターテインメントの中であらゆる病い／不調を一掃すること。椅子に内蔵されたストロー状のファイバーが、羊水の中で胎児が音を聞くのと同じ状態をつくりだすのです！　西堀貞夫氏の特製 CD による羊水体験をどうぞお楽しみください。

A．自然音Aコース「胎児の心音」　60分／10,000円
B．自然音Bコース「大海原」　60分／10,000円
C．「胎児の心音」「大海原」　120分／20,000円

神楽坂ヒカルランド
みらくる
Shopping & Healing

神楽坂《みらくる波動》宣言！

神楽坂ヒカルランド「みらくる Shopping & Healing」では、触覚、聴覚、視覚、嗅（きゅう）覚、味覚の五感を研ぎすませることで、健康なシックスセンスの波動へとあなたを導く、これまでにないホリスティックなセルフヒーリングのサロンを目指しています。ヒーリングは総合芸術です。あなたも一緒にヒーリングアーティストになっていきましょう。

★ミトコンドリア活性《プラズマパルサー》

**ミトコンドリアがつくる、生きるための生命エネルギーATPを3倍に強化！
あなただけのプラズマウォーターを作成し、
疲れにくく、元気が持続するカラダへ導きます！**

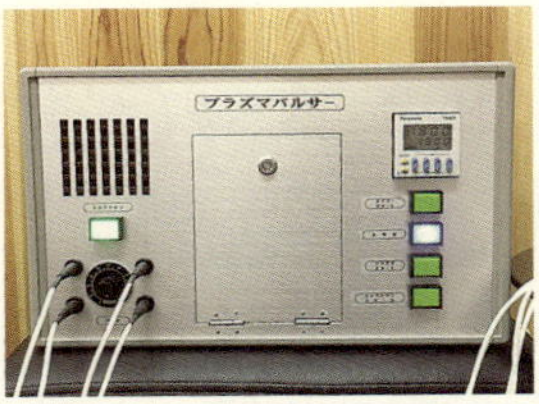

液晶や排気ガス装置などを早くからつくり上げ、特許を110も出願した天才・田丸滋氏が開発したプラズマパルサー。私たちが生きるために必要な生命エネルギーは、体内のミトコンドリアによって生産されるATP。このATPを3倍に増やすのと同じ現象を起こします！　ATPが生産されると同時につくられてしまう老化の元となる活性酸素も、ミトコンドリアに直接マイナス電子を供給することで抑制。短い時間でも深くリラックスし、細胞内の生命エネルギーが増え、持続力も増すため、特に疲れを感じた時、疲れにくい元気な状態を持続させたい時におすすめです。

プラズマセラピー（プラズマウォーター付き）30分／12,500円（税込）

こんな方におすすめ

元気が出ない感じがしている／疲れやすい／体調を崩しやすい／年齢とともに衰えを感じている

※妊娠中・ペースメーカーご使用の方、身体に金属が入っている方、10歳未満、81歳以上の方、重篤な疾患のある方にはセラピーをご案内することができません。
※当店のセラピーメニューは治療目的ではありません。特定の症状、病状に効果があるかどうかなどのご質問にはお答えできかねますので、あらかじめご了承ください。

★植物の高波動エネルギー《ブルーライト》

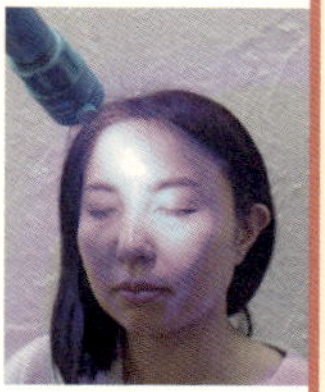

高波動の植物の抽出液を通したライトを頭頂部などに照射。抽出液は13種類、身体に良いもの、感情面に良いもの、若返り、美顔……など用途に合わせてお選びいただけます。より健康になりたい方、心身の周波数や振動数を上げたい方にピッタリ！

A．健康コース　7か所　10～15分／3,000円
B．メンタルコース　7か所　10～15分／3,000円
C．健康＋メンタルコース　15～20分／5,000円
D．ナノライト（ブルーライト）使い放題コース　30分／10,000円

★ソマチッド《見てみたい》コース

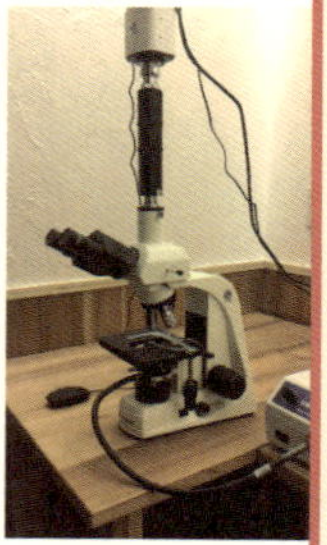

あなたの中で天の川のごとく光り輝く「ソマチッド」を暗視野顕微鏡を使って最高クオリティの画像で見ることができます。自分という生命体の神秘をぜひ一度見てみましょう！

A．ワンみらくる　1回／1,500円（5,000円以上の波動機器セラピーをご利用の方のみ）
B．ツーみらくる（ソマチッドの様子を、施術前後で比較できます）2回／3,000円（5,000円以上の波動機器セラピーをご利用の方のみ）
C．とにかくソマチッド　1回／3,000円（ソマチッド観察のみ、波動機器セラピーなし）

★脳活性《ブレインオン》

聞き流すだけで脳の活動が活性化し、あらゆる脳トラブルの予防・回避が期待できます。集中力アップやストレス解消、リラックス効果も抜群。緊張した脳がほぐれる感覚があるので、AWGとの併用もおすすめです！

30分／2,000円

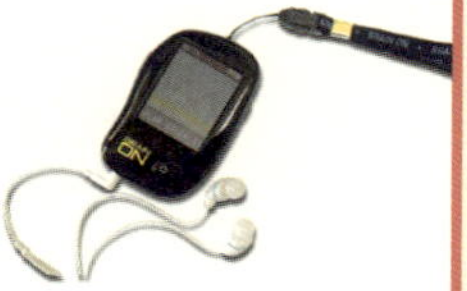

★激痛！ デバイス《ドルフィン》

長年の気になる痛み、手放せない身体の不調…たったひとつの古傷が気のエネルギーの流れを阻害しているせいかもしれません。他とは全く違うアプローチで身体に氣を流すことにより、体調は一気に復活しますが、痛いです！！！

A．エネルギー修復コース 60分／15,000円
B．体験コース 30分／5,000円

★量子スキャン＆量子セラピー《メタトロン》

あなたのカラダの中をDNAレベルまで調査スキャニングできる
量子エントロピー理論で作られた最先端の治療器！

筋肉、骨格、内臓、血液、細胞、染色体など——あなたの優良部位、不調部位がパソコン画面にカラーで６段階表示され、ひと目でわかります。セラピー波動を不調部位にかけることで、その場での修復が可能！　宇宙飛行士のためにロシアで開発されたこのメタトロンは、すでに日本でも進歩的な医師80人以上が診断と治癒のために導入しています。
Ａ.Ｂ.ともに「セラピー」「あなたに合う／合わない食べ物・鉱石アドバイス」「あなただけの波動転写水」付き。

Ａ.「量子スキャンコース」　60分／10,000円
あなたのカラダをスキャンして今の健康状態をバッチリ６段階表示。気になる数か所へのミニ量子セラピー付き。
Ｂ.「量子セラピーコース」　120分／20,000円
あなたのカラダをスキャン後、全自動で全身の量子セラピーを行います。60分コースと違い、のんびりとリクライニングチェアで寝たまま行います。眠ってしまってもセラピーは行われます。
《オプション》＋20分／＋10,000円（キントン水8,900円含む）
「あなただけの波動転写水」をキントン水（30本／箱）でつくります。

★脳活性《ブレイン・パワー・トレーナー》

脳力UP＆脳活性、視力向上にと定番のブレイン・パワー・トレーナーに、新メニュー、スピリチュアル能力開発コース「0.5Hz」が登場！　0.5Hzは、熟睡もしくは昏睡状態のときにしか出ないδ（デルタ）波の領域です。「高次元へアクセスできる」「松果体が進化、活性に適している」などと言われています。

Ａのみ　15分／3,000円　　Ｂ～Ｆ　30分／3,000円
AWG、羊水、メタトロンのいずれか（5,000円以上）と同じ日に受ける場合は、2,000円

Ａ.「0.5Hz」スピリチュアル能力開発コース
Ｂ.「6Hz」ひらめき、自然治癒力アップコース
Ｃ.「8Hz」地球と同化し、幸福感にひたるコース
Ｄ.「10Hz」ストレス解消コース
Ｅ.「13Hz」集中力アップコース
Ｆ.「151Hz」目の疲れスッキリコース

本といっしょに楽しむ ハピハピ♥ Goods&Life ヒカルランド

家で飲むコーヒー、家庭焙煎で見直してみませんか？
ホンモノの味わいを手軽に愉しめるセレクトアイテム

日本のコーヒー業界は間違った認識が浸透しており、多くの方がホンモノの味わいを知ることができない状況にあります。実際、販売店には焙煎してから時間の経過したコーヒー豆ばかりが並び、本当においしいコーヒーはほとんど市場に流通していないのが現状です。詳しくは『一杯の珈琲から見える 地球に隠された秘密と真実』（一宮唯雄 著／ヒカルランド刊）でも触れていますが、おいしい１杯をお求めになるためには、これまでのコーヒーに対する常識を見直し、真実を知っておく必要があります。

これだけは知っておきたい、コーヒーの新常識

① コーヒーは生鮮食品である

コーヒーはもともとはフルーツの種なのです。ですから**本当の賞味期限は、焙煎したら７日、豆を挽いた粉なら３日、たてたら30分**です。現在流通している豆の多くは、焙煎してから時間が経ち新鮮さを失ったものです。おいしいコーヒーを自宅で淹れるためには生豆をお買い求め、自分で焙煎するのが近道です。

② コーヒーは健康にも良い

焙煎してから時間が経過し、酸化したコーヒー豆が一般的なせいか、「コーヒーの飲みすぎは体に良くない」「コーヒーを飲むと、胃がもたれて胸やけする」といった認識が根付いてます。しかし焙煎したての新鮮なコーヒーは、クロロゲン酸、トリゴネリン、カフェインの３つの成分が働き、**生活習慣病による不調の予防、脂肪燃焼効果、美肌効果、リラックス効果などをもたらし、さまざまな健康促進効果が科学的にも実証されている**のです。

これらの真実をもっと多くの人に知ってもらい、ホンモノのコーヒーをより多くの人に届けたい。ヒカルランドでは、コーヒーは生鮮食品であるというコーヒーの原点に立ち返り、どなたでも簡単にご自宅で焙煎することで、ホンモノのコーヒーを愉しむスタイルを提案しています。そこで、おいしいコーヒーを焙煎し、淹れるためのオススメアイテムをたくさん取りそろえました。

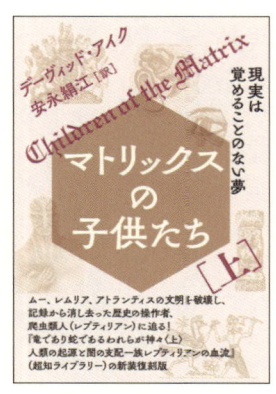